老成都的吆喝声

——推特短诗文选

蔡楚

加拿大国际出版社
Canada International Press

书名：老成都的吆喝声 ——推特短诗文选
作者：蔡楚
出版：加拿大国际出版社
出版社网站： www.intlpressca.com
出版社邮箱： service@intlpressca.com

Book Name: Shouts From an Old Chengdu Native

----Selected Short Poems and Articles from Twitter

Written by: Cai Chu

Published by: Canada International Press

www.intlpressca.com
Email: service@intlpressca.com

ISBN 978-198976348-3

9 781989 763483

E-Book ISBN: 978-198976349-0

我的文学，起于寻求自我安慰，归于追寻心灵自由。

——蔡楚

序

胡平

蔡楚嘱我为他的《推特短诗文选》作序，我不能不从命。

看到蔡楚的书名《老成都的吆喝声》，我立刻想起，成都夏日傍晚，走街串巷卖蚊烟的吆喝声："蚊烟儿…哟…蚊烟儿…，买…二仙牌香料药蚊烟儿哟…"顿时涌上一股浓浓的乡愁。

我和蔡楚是成都老乡，他比我只大两岁，虽说在成都时互不相识，但毕竟有着太多的相同的记忆，如今又都在异国他乡，彼此有着类似的心境，所以读起他的文字，总感到格外亲切。

蔡楚本名蔡天一，蔡楚是笔名。蔡楚自述曰："蔡楚，非楚人也。'楚虽三户，亡秦必楚'。取其意，以明志。"

我和蔡楚第一次见面是在 2000 年秋季的一天。那天，蔡楚和妻子李洁以及一位"野草"的诗友白水来我家做客。蔡楚送给我他们自费出版的《野草诗选》，然后从中选出 51 首交给了我。我把它们连载于 2001 年《北京之春》3 月号和 4 月号。这些诗表达出的沉郁、忧伤、孤寂与苍凉，还有坚忍与渴望，还有愤懑与激昂，无不唤起我深刻的共鸣。这是我在同时代的其他文学群落的作品里很少读到的。

我特别注意到蔡楚的那首《乞丐》：

为什麽他喉咙里伸出了手来？
是这样一个可怜的乞丐，
彻夜裸露着、在街沿边，
蜷伏着，他在等待？

褴褛的衣襟遮不住小小的过失，
人们骂他、揍他却不知道他的悲哀，
自从田园荒芜後……
这双手原可以创造世界！

从此後他便乞讨在市街，
不住颤抖的手，人们瞥见便躲开，
没奈何，抢几个小小的饼子……
到结果还是骨瘦如柴。

冬夜里朔风怒吼，
可怜的乞丐下身挂着几片遮羞布。
这双手原可以创造世界……
长夜漫漫，他在等待！

这首诗写于大饥荒的 1961 年 12 月，当时蔡楚只有 16 岁。

2012 年 3 月，四川师范大学教授李亚东发表《查勘地下文学现场——从一九六〇年代蔡楚的"反动诗"说起》。李亚东写道，为了参编一部《中国现代汉语文学史》，为了自己承担的"文化大革命中的地下文学"章节的写作、修订，他专程深入到成都市档案馆，翻阅那些发黄的卷宗，见到了 1970 年本地诗人蔡楚被"反革命集团"抓捕时的"交代"、"审讯记录"等，大量涉及"歌颂爱情及发泄个人主义的反动诗"。这次"田野调查"证实了蔡楚的《乞丐》等诗歌的历史真实性，即作为文学事实的存在，也就是说，蔡楚当年确实写下这些诗歌，当然不可能在公开刊物即官方刊物上发表，但也不是"潜在写作"，不是"抽屉文学"，起码在一个朋友圈里阅读与流传，后来还被揭发，被扣上"恶毒丑化新社会，恶毒攻击共产党"、"反动透顶"的罪名，蔡楚因此而挨批斗、受审查、被开除，差一点进监狱。

回顾大饥荒年代国人写下的诗文，官方刊物上发表的粉饰太平的颂歌就不必提了，令人惊讶的是，即便是在那些后来得以发表流传、但是确实是写成于当年而不是事后的诗文中，像《乞丐》这样直面饥饿与剥夺的作品竟然都那么稀少。

萧象在"大饥荒，文学失语的历史思想追问"（2007 年）一文里就提到了这个问题："一场持续三年、波及全国、夺命千万的重大的社会灾难现象，在作为社会生活反映的当代文学这面镜子里，竟然见不到任何的映像！说起来实在让人感到不可思议。"萧象写到："大饥荒年代早已成为过去，关于它的传说与研究也不再设为禁区。如果作家诗人们在当时敢于忠于道德良知，坚持写作的基本原则，对那场旷古未闻的大饥荒有所描写，有所反映，哪怕是偷偷地私下地，到了改革开放的年代，人们一定会将其作为他们的亮点，他们的美德而予以公开出版与张扬的。很遗憾，我们似乎还没有看到任何这样的迹象。"

我要说，不，不是没有。蔡楚的《乞丐》就是。我相信类似的作品一定还有，有的或许还沉睡在公安局尘封的档案里。蔡楚的《乞丐》未必是唯一而只是之一。蔡楚不幸而因此身陷文字狱，但因而也有幸使得这首诗的存在得到证实（感谢李亚东），于是就成为那个时代的文学见证。

萧象说："写作家止于写作的地方，思想家开始了思想。顾准这一时期的日记，对饥饿及饥饿导致的死亡有着真实的记录及思考，为后人解读历史留下了一份珍贵的原始资料，李慎之称'他给整个一代中国的知识分子挽回了荣誉'，或许是中国知识分子在这一事情上唯一的可聊以自慰。"

如果说顾准的日记"给整个一代中国的知识分子挽回了荣誉"，那蔡楚呢？而况蔡楚的《乞丐》还不是抽屉文学。只有放在这样的背景下，我们才能给蔡楚的《乞丐》以应有的历史定位。

蔡楚始终坚持独立写作。他在《选择树》（1994 年）里写到，"我选择树，选择孤独"；我拒绝加入森林，因为"那些自称森林的形像，其实只是一株红罂粟"，而"只有拒绝森林的诱惑，才不必听兽王的喝呼。"蔡楚拒绝体制的诱惑，如此自觉，如此坚定，不能不令人感佩。

让我们回到蔡楚这本推特短诗文选上来。

在这部选集里，有一篇写于 2019 年清明节的短文"74 岁生日《苦力感言》"。其中写道：

我的苦力朋友们仍在成都，他们前年在"挣扎——《野草散文选》序"中说：这本《野草散文选》有什么意义。我想大约应该是：这些集灵魂"悲悯与拯救"为一体的文字只表明——我们不但真实地挣扎地活过，而且真实地挣扎地写过。面对苦难人生，我们终

将无怨无悔。野草的朋友毕竟已经老了，不得不回归身体，选择做“最后的呻吟”。

蔡楚和他的朋友自称“苦力”。这不是形容，这是写实。在往昔的漫长岁月，他们都从事的是沉重的体力劳动。照片中横幅上两个大字“挣扎”。我注意到，他们写的是“挣扎”，而不是“奋斗”或“抗争”，着意表达出在苦难与绝望中的永不屈服、永不放弃——这是他们给自己刻下的墓志铭。

蔡楚的这本推特短诗文选收录了他定居美国以来写下的近百篇诗文，题材多样，体裁多样，风格也多样，还附有图画与照片，在在显示出作者本人的丰富性，无意中拼凑成一幅立体的人生图象：既执着，又淡泊；既刚直，又平和；既忧国忧民，又纵情山水；既不忘怀故土，又能安心他乡；人权立场，审美情趣，点评时政，缅怀故人，钓鱼种花，含饴弄孙，如此等等。这既是一种活法，也是一种写法。

是为序。

2021 年 5 月 27 日于纽约

作者简介

蔡楚（本名蔡天一），1945 年生于四川成都。

自幼调皮。受父母影响，2 岁半描红练习写字；3 岁扮四川名人刘师亮，大白天提着灯笼在巷道里走；5 岁发蒙，不听师训，常被罚站在教室外；10 岁没有戴上红领巾；14 岁在课堂上质疑高级点心政策，被老师评定为怀疑党的粮食政策；15 岁写新诗，被老师评论为：玩世不恭，少年老成；16 岁写出《乞丐》，被表妹称为反革命。

1961 年开始地下文学创作。

1964 年编有自己的地下诗集《洄水集》和《徘徊集》。

1966 年因诗作《乞丐》等被人检举揭发，受到大字报围攻和批判。

1970 年因参加地下文学活动，被关押、批斗 100 余天。

1971 年经中国人民解放军成都市公安机关军事管制委员会、四川省成都市革命委员会人民保卫组（71）人保刑字第 422 号刑事判决书，缺席判决：罪行较轻，不予刑事处分。并未通知本人，实则实施内控，出门要请假，派出所每晚来查夜骚扰。

1979 年经四川省成都市中级人民法院（79）刑申字第 14 号刑事判决书依法判决：“撤销原判，宣告无罪。”

1980 年 - 1981 年主编民刊《野草》总第 21 期～31 期。

1993 年与陈墨合著诗集《鸡鸣集》出版。

1997 年 1 月　移居美国。

2001 年选编的《野草诗选》在海外期刊上发表。同年，《野草》网站建成。

2001 年 8 月接受自由亚洲电台记者的采访。同年 11 月参与发起并加入独立中文笔会，在海外报刊杂志及网络上发表作品若干，2002 年下半年担任独立中文笔会网络编辑。

2003 年 11 月在独立中文笔会第一届网络选举中被选为副会长，同时兼任组织和网络秘书。

2005 年 10 月在独立中文笔会第二届网络选举中被选为理事，同时兼任监事。

2005 年 12 月担任《民主中国》编辑。2006 年起任发行人及编辑。在原主编刘晓波于 2008 年 12 月被捕后接任主编；同年起担任《参与》网刊主编。

2008 年 9 月在大陆出版诗集《别梦成灰》，2009 年 1 月被大陆官方列为禁书。

2013 年 10 月被选为独立中文笔会荣誉理事。

2017 年 12 月主编《刘晓波纪念文集》出版。

蔡楚是刘晓波生前三个国际项目合作者（创建独立中文笔会，接办《民主中国》网刊，及推广《零八宪章》）。

目录

1. 后院花开——给弟妹

年年待一枝

盡日念成癡

百度看星月

山空葉落時

——（五言绝句，集古句。）

杜甫草堂玉兰

已有预感，花开花落皆寂寥

不料，昨夜微雨

鼓动心事如涛

历尽劫难之后

枝叶又笼寒潮

血色藏在洁白的花底

仰头观看，四朵

一枝绽放

伫立伶听一串心跳

有意摆渡，根在赵家王朝

来世，冥想中

不需一张船票

我等你们，再拾尘缘

约定

到花落，重开同一枝条

2016-4-17

蔡楚注：2016 年 3 月 4 日，参与网发布《关于要求习近平同志辞去党和国家领导职务的公开信》后，不仅参与网被 DDOS 式攻击，我的电话被骚扰，而且，我的身居中国大陆的弟妹也被株连，四个弟妹同时被国宝喝茶。

2. 在美闻鸡鸣

前几天去了阿拉巴马州的利文斯顿市，在那里听到鸡鸣声。说实话旅美 20 年了，我还是第一次听到鸡鸣声。

在中国的文化中，鸡是一只“活时钟”，有鸡鸣早看天之说。如唐代温庭筠著名的《商山早行》中就有：“鸡声茅店月，人迹板桥霜”的名句。但我听到鸡鸣声的时间已是正午，同时响起的还有教堂的钟声。

而且，钟声停歇后，鸡鸣仍不止。我百思不得其解，只能用“风雨如晦，鸡鸣不已。”来比喻天色晦暗，前途艰险了。后来，我联想到川普先生在推特上的不断鸣叫，又哑然一笑。这个世界确实不一样，谁能指令美国的公鸡不能打鸣呢？恐怕只有“喝令三山五岳开道”的中国大跃进时期了。一笑。

再想到狱中的唐荆陵、郭飞雄、胡石根、刘晓波、陈树庆先生的坚守，与聪明过头的郭沫若、莫言的谄媚，我就更清醒了。还是陈树庆先生说的好：“打杀啼鸣的公鸡，也无法阻挡破晓的晨曦；剥夺自由的呼喊，却无法剥夺我思想的权利。”

2016-12-5

3. 吹泡泡的七彩年代和蒲公英的约定

上世纪 40 年代，芝加哥一家叫做“化学玩具”的公司开始出售泡泡溶液，从那时候开始，吹泡泡的风潮一直没有过时。

每个人都有自己吹泡泡的七彩年代，有童年的幻想和少年的约定。但是，既然是七彩，你的幻想是什么颜色，你的约定是否像蒲公英一样被风吹的杳无踪迹？

我的童年是赤色的，在老师讲高玉宝“我要读书”的故事中度过，幼小的心灵在仇恨中发芽。生活中失去了七彩。

成年后，老师吹的大泡泡破灭，才知道我曾经被欺骗。老师也是无奈，毛泽东被吹成红太阳。这个单一的赤色竟然是用人的鲜血染成的，而毛的“阳光”下必有罪恶。

2017-01-08

4. 七一

红旗和气球的雾霾下没有人
没有血腥，没有一丝痕迹
步枪华丽转身后哼唱着他的梦

影子被拉长，揉碎在白夜里
梦境中谎言被镌刻在奖章上
挂在共产党万岁的胸前

坦克碾过六月来到七一
化作南湖的木船
桅杆半拖挂着黑玫瑰花旗

黑色的神秘
驶向悲伤的彼岸
唤醒记忆和良知

2017-7-1

5. 秋

扫去院中的黄叶
秋，色彩斑斓地来了

踏着落英，吹着口哨
秋栖息在桂树的香气中

喝一杯淡淡的花茶
秋萝寐在酣熟的瓜果里

向湖中抛出长长的钓线
秋游戏在鲈鱼的捕食间

花落不愁无颜色
秋缠绵在渡船人的竹竿上

2017-9-27

6. 纪念华西协合大学刘之介教授

世道变幻，人情冷暖。成都现在的多数人并不知道，早在100多年前，成都市区就曾有过一座定点报时的钟楼，这座钟楼就是位于成都陕西街口，由美国基督教会所建的存仁医院大楼的塔楼。

老成都图片：陕西街钟楼

老友彭大泽先生，在所著《泽炮夜话》中简述了陕西街钟楼的命运："这个钟楼以前在陕西街口子上，以前应该是美以美教会修的房子吧？1949年后赶走了洋人，挂了省高教局的牌子。小时候老师带队步行到人民公园春游，这个钟楼是小屁孩们瞩目难忘的地标。文革武斗时红卫兵成都部队占领了这个制高点，在钟楼顶上安了几挺机关枪，就成了扼制人民南路广场的堡垒。成都两派分裂的第一梭子弹就是从这里射出的。张梁刘张面对这块钉在成都市中心的钉子脑壳痛得很，造反兵团也不争气，打不下来。街道分团团长宋立本亡命，半夜摸进去拿炸药包一炸，也没有垮。于是刘张从一三二厂调来海二联机关炮，对到钟楼一袭暴打，嗵嗵嗵嗵嗵！把红成武斗队员打得鸡飞狗跳抱头鼠窜了。海二联机关炮的炮弹粗得很，一火把钟楼打个对穿对过！没得哪个守得住。收复了失地的刘张不解气啊，因为

华西协合大学刘之介教授

红色政权的面子被臊了皮。据说有领导懂军事，批评打机关炮的该从底下往上打，这样守军一个都跑不脱；从上往下打，守军些扑爬跟斗都逃了命去。千疮百孔的美以美楼默默地见证中国人革命的惨烈进程，她也默默地消逝在历史的长河之中。一颗炮弹打断了钟楼上时钟的重锤铁链，重锤砰然下落，击穿了好几层楼板，时钟也就停了摆。哎，古稀之年的我去给哪个小屁孩说："有一个美丽的钟楼，在去人民公园的路边……"

大泽关于"美以美会钟楼"的故事，使我想起了刘之介爷爷在七十年代末，给我讲的"美以美会钟楼"和华西协合大学的一些往事，使我明白了美以美教会派员来中国，并不是文化侵略，而是帮助中国人改善生活质量并提高文化水准。当然，教会的宗旨是"借助教育为手段，以促进基督事业"。但教会不用暴力强迫洗脑，而是帮助你，感化你，潜移默化使你皈依上帝。这就是文明与野蛮的区别。

1979 年下半年，我在老友杜九森的母亲谢素云家认识刘之介爷爷。那时，谢伯母刚摘去反革命分子的帽子，处境改善。由于刘爷爷和谢伯母都曾经在华西协合大学共事，所以恢复了来往。当时，刘爷爷 83 岁，有只眼睛还能借助放大镜看报。他到谢伯母家聊天传教，总是由他的三儿子或孙女刘红梅送来，但由于儿子或孙女都有工作或学习，不会在谢伯母家久呆。所以，如果我下班去了，总是我用自行车送刘爷爷从致民路回九眼桥附近的家。记得当时刘爷爷还能坐在自行车后衣架上，双手抱住我的腰。不过，我在前面骑行，常常提心吊胆。

刘爷爷说："有一名叫甘来德（Harry Lee Canright）的传教士、美国医生。1891 年他受美国基督教美以美教会派遣，来到成都陕西街福音堂传教。1894 年他在福音堂附近开设药房、医院，初名陕西街美以美诊所。1894 年他开始修建成都存仁医院。医院建筑毁于1895年“成都教案”后，他利用清政府的赔款和教会的资助筹划重建。甘来德发现成都没有标准时间报时，在新建的医院设了高两丈左右的时钟台，高于主楼约6米左右，为成都第一座砖木结构西洋高层建筑。医院钟楼不仅成为当时成都的一大景观，而且定时报点的钟声悠扬，对当时没有几户拥有钟表的成都人家来说，意义难以用几句话能表述。甘来德还是华西协合大学医科的创办人之一。”刘爷爷又说：“华西坝钟楼，1926年由美国人柯里斯先生(Mr.J.Ackerman Coles)捐建，是当时成都最高的建筑物。在中式的塔身上配上西洋的时钟，加上一个哥特式的尖顶，形成一个融合中西文化的建筑物。华西坝钟楼与陕西街的存仁医院钟楼遥相呼应，成为当时成都的双子座钟楼，颇为壮观。”

我家就住在广益坝后面，面临锦江。小时候我常去华西坝钟楼玩耍，而老师带队步行到人民公园游玩，陕西街的钟楼是必经之地。况且在文革中，我还被关押在华西坝钟楼旁的黑屋里过了一夜，体会到九死一生的滋味。所以，成都的双子座钟楼，至今令我记忆犹新。

刘之介教授，四川省资中人，（1896～1986年）。原名绍之，小时即信基督教，幼年与弟就读于县城福音堂华美小学。17岁毕业去成都华西协合中学学习。1925年从华西协合大学教育系毕业，在华美模范高小改为新学制的高琦初中任首任校长。

1928年刘爷爷出国深造，在美国芝加哥大学获教育系文学硕士学位。后来，他担任华西协合大学教育系主任兼任高琦初中及教育系实验班校长，并代理过华西协合大学教务主任。

刘爷爷还说：“1950年后，我因所谓教会背景和历史问题被弄到北京学习，停发工资，几年后才辗转回到成都。后来以‘院系调整’为名，把我安排去四川师范学院教英语，工资不享受教授的待遇。而且，文革中我还受到批判，身心受到摧残，工资降到只发生活费。”言及此，刘爷爷不禁唉声叹气。

当时，刘爷爷的院落门可罗雀。没有像他去世多年后，有不少人搞纪念活动。而成都野草诗友为此，专门组织了一次到刘爷爷家里拜访并请教的活动。以表达对这位杰出的教育家的崇敬心情。

记得一次，我去刘爷爷家聊天，谈起我去上海的见闻。我把鳞次栉比的高楼，说成鳞次（节）比。刘爷爷当面指出我的错误后，要求我学习要精益求精，而且要活到老，学到老。从此后，一贯自以为是的我，在刘爷爷面前，再不敢高谈阔论。

刘爷爷多次对我谈起：“教育应当允许私立学校出现，让老师和学生自由交流。而不能由国家包办，限制老师和学生的创造力。”他还说：“教材不能统死，应当允许因材施教。”他对当时社会，由官方教材灌输的仇恨心态很失望，说“这样下去会激

发各种矛盾，遗害后人。”他主张用宽仁慈爱来化解仇恨。

刘爷爷启发我的智慧，建议我去成都市基督教三自爱国运动委员会所属的礼拜堂听听布道。1980 年 7 月的一天我去了一次，结果大失所望，因为布道的牧师，要我们祷告："上帝保佑华主席，因为华主席解放了基督教"。我以为基督教的真谛是上帝创造了人，而不是人解放了上帝，更不是人创造了上帝。所以，我从此不再去基督教三自爱国运动委员会所属的礼拜堂。

1981 年 4 月 15 日，刘爷爷和国画家周抡园(1899-1988)在成都餐厅主持我的中西合璧的婚礼。因我妻子在华西大学（当时叫四川医学院）里学英语，而我酷爱中国诗词。故而，由刘爷爷象征西学，国画家周抡园象征中国艺术。后来几年，刘爷爷的视力越来越差，我若没有出差，每周至少去他家给他念一次报纸，也向他请教一些自学中的难题。

1986 年初，刘爷爷患心脏病住进成都一医院病房，我同妻子一起去探望他。病床上的刘爷爷仍不忘要我皈依基督教，我对刘爷爷说，若上帝显灵，你能痊愈，我就皈依上帝。结果刘爷爷果然用意志走出医院，回到家中。而我没有遵守诺言，无颜去见他。刘爷爷却用手摸着纸，写一封歪歪倒倒而字句重叠的问候信来，还寄来一张"刘之介九十叟敬赠"的照片，使我至今惭愧不已。

近来，刘之介教授的大名，频繁的出现在中文网上，而中国的历史照例由官方书写。虽然，刘爷爷文革后照例补发了工资，照例在他去世多年后受到官方和民间的赞美。但刘爷爷终身跟随上帝而养成的仁爱、善良、没有仇恨的品德，和他晚年对教育的反思却被只字不提。大量充斥在网上的官样文章，都介绍他的所谓的爱国主义精神。我认为这是对刘爷爷的精神污染，也是官方的统战手法。

转瞬间，刘爷爷已去世 31 年，仅以此文怀念他。愿刘爷爷在天国安息。

2017-10-2

附录：

美以美会（The Methodist Episcopal Church，1784 年－1939 年）是从 1784 年到 1939 年之间的一个基督教卫理宗的教派，从 1784 年到 1844 年是在美国的卫理公会所使用的宗派名称，南北分裂后到 1939 年，是在美国北方的卫理公会所使用的宗派名称。该会属于基督新教的一个较大的宗派—— 卫理宗。

7. 老成都的吆喝声

老成都有许多条小巷，有的青瓦石板，有的石狮粉墙，有的古荫拱桥。而我的记忆，就是听那一声声悠远的吆喝声，穿透小巷，带我回到无忧的童年。从清早的：荷包蛋！蒸-蒸-糕！，到中午的：叮叮糖！磨剪子来镪菜刀…，再到夜晚的：蚊烟儿…哟…蚊烟儿…。构成了老成都一幅生动的市井图。

童年时，我家居住在小淖坝巷。清末民国初，那个地方集中居住着商贾人家。青砖高墙，雕花门楣，高门栏，厚重的双开木门。木门上装饰着一对青铜兽——护门神饕餮含着门环。门前有石狮，墙上镶嵌着拴马柱。小淖坝街 31 号，清道光年间即开设书坊“志古堂”的王家（我五姨妈家），就在那里居住。

而如今，小淖坝巷已不存在，犹如中国的各种民居，消失在所谓的经济大潮中。而我无论走到欧洲各国，政府都无权强拆民居。 文革时烧毁、破坏、强拆的主要是所谓的“四旧”，而现在连民居也不能幸免。 现今的成都已是一座水泥森林，不仅没有老成都的吆喝声，恐怕连童年时的叫咕咕和杜鹃鸟也很少。成都，你在哪里？

2017-10-14 推特文

8. 传闻刘鹤要升官，使我想起见到他父亲刘植岩的惨状

1968年4月，我到成都殡仪馆处理朋友的丧事。到冷藏间去找朋友的尸体。看到左边最下面的尸匣外有一个牌：西南局书记处书记刘植岩，1967年12月12日。

我去拉开尸匣。见到尸身较长，穿戴整齐，但整个头用纱布包裹，戴着鸭舌帽，仍然有血迹。从牌上看。已经去世近半年，还没有亲人来奔丧。给我留下深刻的印象。我问殡仪馆还在坚持上班的工人，他说是关在成都锦江宾馆被批斗，飞坠九楼自杀的。后来我打听到，刘植岩是当时西南局最年轻的书记兼秘书长、组织部部长。同样被红色革命绞肉机所吞噬。

极权体制可能吞噬任何人，我们不要忘记。文化大革命是1966年五一六通知发布开始的。1967年是所谓批斗"走资派"的高潮期。图片是1967年9月成都造反派批斗以李井泉为首的西南局四川省走资派的照片。最右下角是刘植岩。

https://twitter.com/caichu88/status/922682684744372224

2017-10-23

9.《刘晓波纪念文集》编辑感言

尊敬的各位来宾、各位朋友：

经过四个多月的策划和努力，《刘晓波纪念文集》中文版终于出版了。

自本刊总裁兼主编刘晓波先生，在 2008 年 12 月 8 日被以“涉嫌煽动颠覆国家政权罪”刑事拘留，12 月 9 日被监视居住以来，我们就努力开展了救助工作。回顾这些救助工作，我们得到国际国内关注中国人权人士的广泛支持和帮助，蔡楚在此向他们表示崇高的敬意和深深的感谢。

但是，救助工作的开展也受到一些干扰。如，2009 年 12 月 09 日，我在参与网发出《零八宪章一周年，刘晓波面临重判》的新闻后，即被美国某媒体的记者斥为假消息。再如，由于有人诬告刘晓波是贵族坐牢，刘霞的人道救助金也被终止。最近几年，由于中国大外宣的造谣干扰，刘晓波、刘霞的关注度下降，民主中国曾经多次申请资金，策划召开《全球营救刘晓波会议暨刘晓波民主奖颁奖会》也没有得到支持。特别是我们拟建立刘晓波半身铜像，联系存放在香港，也没有找到存放地。

这一纪念文集的出版，是未曾料到的痛心的结果。2017年初，《民主中国》委托王天成先生代为撰写计划书，向一个基金会申请资助，以在10月份召开一个国际性会议，即“全球声援刘晓波研讨会”。在做计划、提申请时，以对当下中国专制政府的了解，我们没有期待过晓波会提前出狱。但是，我们更没有想到，晓波已经不可能等到10月份召开这个专门为他呼吁的会议。

在晓波病危的消息传出后，我们曾想修改计划、将会议提前到8月上旬，虽然匆忙，也要为他发出声音。可是，晓波也没能等到8月份。晓波的去世使得声援会议不再有意义。王天成先生、胡平先生以及我经商量后，试探性地向基金会提出将原来同意用于支持会议的资金，转用于出版《刘晓波纪念文集》。这实际上是与原来的计划不同的一个申请，正如所料，基金会没有同意。

然而，晓波的去世是当代中国反对运动的重大事件，除了种种悼念活动，还应该有持久的文字记载。基于这样的考虑，我们决定继续推进编辑、出版纪念文集的计划，由《民主中国》和中国民主转型研究所另想办法共同承担费用。

《刘晓波纪念文集》含三篇序言，七个栏目和九十一篇文章。（其中，国内作者有36人）我在此特别鸣谢达赖喇嘛尊者、林培瑞教授和张祖桦先生为本书撰写序言；感谢挪威诺贝尔和平奖委员会、国际笔会、独立中文笔会、天安门母亲群体、自由刘晓波工作组为晓波发出唁辞、讣告、文告和公告；感谢晓波生前的各位老友、各位汉学家、零八宪章签署者为晓波撰写悼文、诗歌、回忆、述评和评论。

本书编辑过程中得到民主中国编辑部、独立中文笔会张裕先生、廖天琪女士、彭小明先生和潘永忠先生的帮助；本书的封面和封底设计得到寒冰女士和凯撒先生的支持；本书的出版得到“中国民主转型研究所”王天成先生、胡平先生、滕彪先生的支持。我在此一并致谢。

出版《刘晓波纪念文集》的目的，是继承刘晓波先生的精神遗产，以继续推动《零八宪章》运动，努力去完成刘晓波先生未尽的目标，把中国推向自由民主宪政。

出版《刘晓波纪念文集》是一种人性的坚守。我呼吁国际国内关注中国人权的人士，继续关注和救助刘霞，以慰刘晓波先生在天之灵。呼吁晓波生前的各位老友、各位汉学家、零八宪章签署者继续为晓波撰写悼文、诗歌、回忆、述评和评论，以便我们明年补充《刘晓波纪念文集》的内容，并完成《刘晓波纪念文集英文版》的翻译和出版事宜。

谢谢各位！

2017-12-7

10. 三月云

落尽梨花堰塘肥
三月的云瘦了
奔腾去巴蜀

刻在云上的溜溜马
迷入红湿处
西岭逶迤绿

枇杷门巷留香冢
浣笺亭外唳丝竹
玉女津，逍遥一船渡

千秋野径谁踏
云独去，沽酒当垆
梅花醉，迢遥天涯路

2018-3-26

11. 诗三首——致刘晓波、刘霞

一
致刘晓波

秋雨中得知你获奖我泪如雨下
仿佛又听到我们熟悉的大磕巴……
每年六四，skype 上你说对不起亡灵
断续的哭泣象这秋雨绵延着牵挂

有人说你软若雨水不够刚烈
有人说你水滴石穿已经幻化
我说不要捧你上祭坛
刘霞喊你回家

2010-10

2005 年刘晓波与刘霞在青岛海滨
孙文广 摄

二

雨后

银河倾斜纷飞如洪
穿过橘子洲头
席卷万山红遍

一个灵魂没有远去
鹰一样盘旋在中国的上空
没有责备这个亏欠的世界

直播开始了
死神站起来祭奠
从此人们救不活自己

淹没了的红色祖坟
不需要软埋
只需要颠覆

2017-7-13

三

中国，如何走出今天

铁马冰河未入梦
电话那端，哭泣之声频传
世界，你可听见

这殉道是否有些枉然
留下另一半，无孤坟可话凄凉
正义，你如何审判

远方传来海的呼唤
人性、神性都有些苍白
权力照旧糜烂

一个女人的泪水要流多少年
一台绞肉机的运转还有多少天
中国，如何走向明天

2018 年 1 月初

12. 清明

昨天，他还站在月色下
寒风中，如绿树挺立
看死神的唇吻到爱
他落下、落下
落下飞舞的笑

他的爱
落在我们脚上
不是残叶那么轻
不象背影那么沉
踏响空谷

听草籽发芽
青翠蔓上石径
融入上帝之灵
在海天转生

戊戌年清明

13. 端午节谈屈原

端午节作为中国的民俗节日，自然无可厚非。但在近代，与端午节相关的屈原，却有不少争议。

鲁迅早年留学日本时期，曾批评屈原："而反抗挑战，则终其篇未能见。"

1922 年，胡适在读《楚辞》一文中认为："屈原的传说不推翻，则《楚辞》只是一部忠臣教科书，但不是文学。"

到了现代，争议仍然不绝。傅国涌基于鲁迅的观点发表过一篇《告别屈原人格》。

而李新宇发表了写给傅国涌的公开信《屈原足矣》。用屈原的两句诗, 提出了[那就是屈原的"民本意识"]

长太息以掩涕兮，哀民生之多艰。
皇天之不纯命兮，何百姓之震愆。

端午节也是中国的诗人节，因此，我青年时期因不满朝廷，曾写诗怀念屈原。

但是，张耀杰提出："难道没有一统天下的春秋战国时期，不是东亚大陆的所谓"中国"历史上最为宽松奔放、丰富多彩的黄金时代吗？"

我们不能苛求屈原，但现代人有了权益意识，若还像屈原一样忠君忧民般写作，就是食古不化，缺乏最起码的公民常识。

2018-06-17

14. 谈中共设"农民丰收节"

从上世纪 1958 年中共提出："总路线、大跃进、人民公社"三面红旗以来，中国大地上"又是一个丰收年"的歌舞就充斥於道。

就在水稻亩产十几万斤的浮夸风下，造成饿死农民几千万。

现今，亿万农民的大部分仅有了温饱，中共又设"农民丰收节"。农民不是土地的主人，试问，何谈丰收？

中共把土地国有化，成了最大的地主。却美其名曰设"农民丰收节"，这不过是表功于自身，自欺欺人而已。

中国农民真正需要的不仅是温饱，而是耕者有其田。

中共从所谓"秋收起义"起就利用这个口号，夺取了政权。

现在，又用"农民丰收节"来忽悠农民，而回避严峻的农业生态问题，这样的丰收节还是不设为好。

2018-06-21

15. 终于看到刘霞久违的笑容

中国政治异议人士、诺贝尔和平奖得主刘晓波的遗孀刘霞于 2018 年 7 月 10 日抵达芬兰赫尔辛基国际机场。之后将转机飞往柏林。

7 月 10 日，北京时间上午 11 时左右，刘晓波遗孀刘霞离开北京，前往柏林。

前天，我与刘霞通话。她说，有出国治病的信心。而且，她第一次问我住在美国哪个州。她还谈到，出国先治病。此外，整理一下刘晓波和她自己的出版物。

本周五（7 月 13 日）是刘晓波逝世一周年纪念日。

2018-07-10

16.　两张 2005 年刘晓波见证照片

据蘋果日報 2018/07/15 报道：劉霞這次匆匆赴德國攜帶的行李中，有許多她和曉波的共同記憶，當中包括一件曉波穿過的紅色 T 恤。

2005 年，劉霞和劉曉波曾穿著紅色情侶裝赴山東青島，同遊山水。

山东孙文广教授拍摄于青岛崂山太清宫。

2，刘晓波与高寳玲

@LouisaCGreve

Louisa Greve（前美国民主基金会副总裁），2005 年于北京。这张照片第一次公布，是中美之间友好往来的重要见证。

2018-7-15

17. 深切悼念沙叶新老先生

北村

今天 07:59 来自 HUAWEI Mate 9

中国时间2018年7月26号5:03分，我敬重的老友沙叶新老师溘然长逝，作为一名剧作家，他不仅贡献了杰出的戏剧作品，还贡献了中国知识分子的良知

（by：大可兄）

著名戏剧家，独立笔会前理事，零八宪章首批签署人沙叶新先生，不幸于 7 月 26 日去世，享年 79 岁。

近年沙老罹患癌症，但他“不为权力写作。”的风格令我十分敬佩。沙老对中共持诸多批评。曾被大陆高层点名批评。

沙叶新自述：“沙叶新，曾化名少十斤。少十斤为沙叶新(簡化字)的右半，可见此人不左：砍去一半，也不过十斤，又足见他无足轻重，一共只有 20 斤。沙叶新于 1939 年出品，因是回族，曾信奉伊斯兰，且又姓沙，可能原产地为沙特阿拉伯，后组装于中国南京。体形矮胖，属于三等残废，但他身残志不残，立志写作，一回生，二回熟，百折不回；箪食瓢饮，回也不改其乐，终于成为回族作家。沙叶新 1957 年侥幸地考入华东师大中文系，1961 年又意外地被送到上海戏剧学院研究生班深造。 1985 年身不由己担任上海人民艺术剧院院长，1991 年又己不由身地挂命为上海戏剧家协会副主席。作品以戏剧为主，多有争议，得过奖，也挨过批。编剧以前叫作剧，指九天以为证，他绝不是恶作剧。”

沙老安息。

2018-7-27

18.　孙文广老教授坚持言论自由已五十八年

孙文广教授是零八宪章首批签署人，独立笔会会员。文革中曾受到中共迫害，被判刑 7 年。

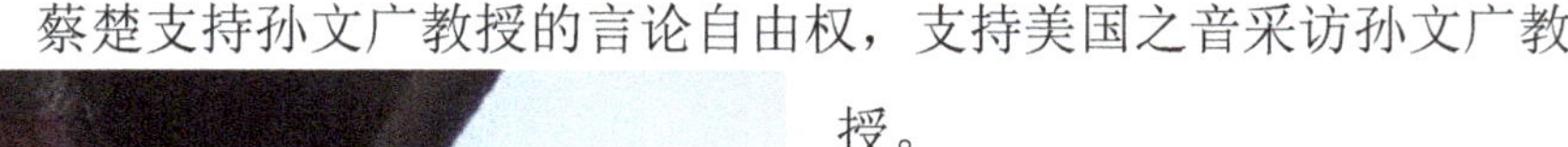

蔡楚支持孙文广教授的言论自由权，支持美国之音采访孙文广教授。

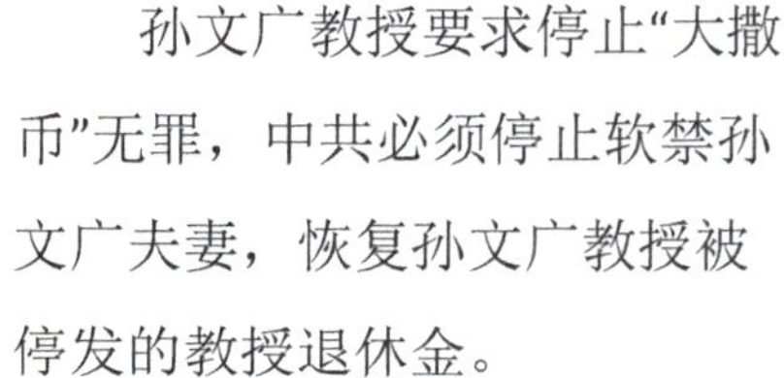

孙文广教授要求停止“大撒币”无罪，中共必须停止软禁孙文广夫妻，恢复孙文广教授被停发的教授退休金。

新闻自由，蔡楚支持史密斯议员声援孙文广教授，中共必须停止继续上演任何人质外交与人权侵害！

蔡楚请求公众和推友关注和转发美国之音关于孙文广教授的报道。

谢谢！

2018-8-3

19. 秋意偶成

告诉我，秋天是什么模样？
是不是像她的长髪一样不可把握？
而梦寐在一溝秋水中？
它来时，有没有一溝残红？

或是老屋的柿树嫣然？
它的青瓦像秋空中的层云，
刻出一片片白色骨骼，
遗下她忧愁的香气？

2018-9-28

20. 初访樵山居

老友贺樵山与余同庚。笔名樵夫，绰号贺半城。乃余从事地下文学的见证人之一，交往逾 55 载矣。

半城兄系民国后人，喜交友，善雄辩，行文不怕"犯上"，故先后介入成都"野草"和成都"读书会"，几经缧绁苦。

半城兄一家，去年于底特律迁阿尔法利塔。余赴查尔斯顿，返回间偕妻往访，是为记。

半城兄与余同为"叫鸡"，当年朋辈切磋，常忘三餐不饱而引颈长鸣。唯兄善经营，下海早，已小康，被二三知己誉为"儒商"。

现今，半城兄妻慧子能、阖家幸福。

前年余书《一位抗战时期儿童保育者的悲惨遭遇—纪念贺婆婆》一文。半城兄是贺婆婆的侄儿，他们家族当年的遭遇可想而知。

2018-11-12

附录：一位抗战时期儿童保育者的悲惨遭遇——纪念贺婆婆

作者按：中国少有为受难者或失败者挺身而出的义士，更鲜见“蚍蜉撼树”般的母亲。“从鲜红的血泊中拾取，从不死的灵魂里采来。”安息吧，贺婆婆。” 驱逐山寨大王，建立自由宪政中国，我们还有艰苦的路途需要跋涉。

时光飞逝，转瞬间贺婆婆已去世将近四十年，但她的音容相貌至今还萦回于我的梦中，把我带回那苦难的岁月。

贺婆婆，大名颜柏辉（1898年—1977年），自贡市人，曾担任过抗日战争时期的自贡市慈幼院院长。1941年5月，该院并入“中国妇女慰劳自卫抗战将士总会战时儿童保育会”（以下简称保育会）四川分会第六保育院，地址设在自贡市贡井。保育会于1938年3月10日，为了拯救在日寇铁蹄下亲人被害、无家可归的受难儿童，为保护中华民族未来人才，在汉口创立。八年间，保育会在十分艰苦的条件下，先后成立了二十多个分会，六十多个保育院，拯救、培养、教育了近三万名难童，为抗战建国做出巨大贡献。抗战胜利后，保育会完成其历史使命，于1946年9月15日宣布结束。

我认识贺婆婆于1963年，当时，她与孙儿贺孝慈居住在成都转轮街55号。她的儿子一家居住在自贡市。55号有个小阁楼，贺婆婆和贺孝慈住在矮小的木阁楼上，下面的铺面贺婆婆用来煮粑红苕卖，赚点钱以维持生计。贺孝慈与我和冷豫民、黄达文、熊德熊、陈亚夫等当时同在成都一砖厂做临时工，休息日，冷豫民同我常去临

1964年蔡楚（左）与贺孝慈（中）冷豫民（右）于成都

近成都的乡镇赶场买红苕，用架架车拉回成都，支援贺婆婆。

贺婆婆头已花白，瘦削的身材，慈祥的面容，说话轻言细语。衣衫补疤却很整洁，虽身处逆境，举手投足间，仍保持了民国时期知识女性知书达理的风范。她以 65 岁的年龄处变不惊，用自己的脊梁撑起了成都这个眼看就要坍塌的家。

当时，她已患老年性白内障，不能书写当地派出所责令“四类分子”每周必须上交的“思想汇报”或“坦白交代”，故而，有时她口述，我帮她代写。这样，我才知道了她在 1952 年 3 月 25 日在自贡市大逮捕中锒铛入狱的经历。

贺婆婆易帜前一直在自贡市从事儿童保育和教育工作。她被逮捕的缘故，据她叙述是因为组织人员上街示威游行，替一位名叫华树之的教师鸣冤叫屈。她说，当年国共两党合作，保育会和自贡市慈幼院及自贡教育界都录用了国共两党的人员。在国民党当政时期，她多次为保护有共产党党籍的员工向当局陈情，或组织人员上街示威游行要求释放她的员工，一般都得到尊重，该员工会被教育释放，而且，她还因此受到自贡市教育界的普遍赞赏。

1950 年 3 月，中共中央发出了《关于剿灭土匪建立革命新秩序的指示》和《关于镇压反革命活动的指示》，开始了镇反运动，一直持续到 1953 年才逐渐结束。易帜后，贺婆婆以为共产党会更民主和自由，因此，习惯性地为被当局逮捕的、并被称为国民党特务的华树之向当局陈情，但没有效果。继而，她又组织人员上街示威游行，这次，却鸡蛋碰到了石头——贺婆婆不仅被逮捕入狱，而且还被戴上“反革命分子”的帽子，直到二十五年后悲惨离世。

1963 年至 1964 年期间，我常去转轮街 55 号，并与许多朋友来往，如贺樵山、徐奎光、李群富等同龄人。贺孝慈称呼贺樵山为三叔，他常说：少年叔侄如兄弟。我们之间互相戏称“欢郎”、“叫鸡”、

“发发”“涅不落唯嘎”等。当时，我还认识一些前辈，如住在转轮街 55 号对门院子里的熊玉璋旅长（外号熊歪嘴）（1893—1967）；住在青石桥、与贺婆婆同是“管制分子”、外号人称“金蝴蝶”的刘老太太，及她的“管制分子”女儿、外号人称“银蝴蝶”的刘滞根。据刘老太太叙述，她女儿刘滞根，13 岁嫁给王缵绪（1886—1960， 1939 年曾任四川省政府主席）当三姨太，易帜后改嫁给川医口腔系的刘教授，改名刘智根。刘老太太当年很活跃，经常不服从派出所的管教，不请假就外出访友。她常常挂在口中的一句话“我儿子在台湾当军长，马上会打回来”给我留下极深的印象。

我同贺孝慈戏称矮小的木阁楼为“云雨楼”，取风雨飘摇之意。记得当年阁楼上挂满字画，一部分是熊玉璋旅长送来的，他说阁楼上通风，易于保存；另一部分是友人赠送的，如一位住在小天竺辖区的邱老先生，号纯孝楼主；以及后来谢季筠送给贺孝慈的一幅行书等等。由于很契合我当时的心境，所以，至今我还记得一幅齐白石画的《不倒翁》，画面是一个泥塑的小丑模样的官员，并在画上题诗风雅地骂官：

乌纱白扇俨为官，
不倒原来泥半团。
将汝忽然来打破，
浑身何处有心肝。

1965 年 8 月我参加石油会战，一去就是五年。这期间由于在外地，我没有见过贺婆婆。直到 1970 年 8 月我被开除并遣送回成都，才又见到贺婆婆。当时，由于生活所迫，贺婆婆把转轮街 55 号下面的铺面，转给街道的一个生产组做纸花和绢花，生产组才允许她参加打工。由于是计件工资，贺婆婆已年逾古稀，体力不支，故每月收入仅有不到二十元，只能勉强应付生活，但当地派出所责令“四类分子”每周必须上交的“思想汇报”或“坦白交代”却一直在书写。文革中，贺婆婆还被迫每天清扫街道、打扫厕所、接受批斗，受尽屈辱，成为所谓的“阶级教育”的活靶子。

1976年9月毛泽东死去，文革结束，贺婆婆的处境没有丝毫改善。她不仅没有摘去帽子，还由于在生产组打工，生病也没有官方的公费治疗。1977年3月初，贺孝慈和贺樵山分别通知我，贺婆婆因为患急性肾炎被送进成都市第一门诊部治疗。当时，我在轴承厂做临时工，下班后赶到医院，见贺婆婆躺在门诊部的长椅上，无人理睬。我问她为何不进病房，她声音微弱地说：医生不收我入院，说我是管制分子，没有公费治疗。我即去门诊部问询，他们说，一来门诊部床位紧张，二来缺少抗生素针剂，三来因为她是管制分子，且已年高没有抢救的必要。我申辩说：毛主席说过“救死扶伤，实行革命的人道主义”，白求恩还为被俘的日本军人治病，请你们发扬这一崇高精神。他们说，如家属提供“庆大霉素”，他们就治疗，并拿出一张行军床放在走廊上，护士和我把贺婆婆扶到床上躺下。我即与贺孝慈和贺樵山等商议，分头去找“庆大霉素”。

几天后，我好不容易找到一盒“庆大霉素”送去市一门诊部，见到贺婆婆的病情稍有改善，亲属和友人们也找到一些“庆大霉素”，我们都以为贺婆婆会化险为夷。

谁知贺婆婆因年高，病情有反复，当时市面的药店里再也买不到“庆大霉素”，而医院又拒绝提供，久之，药源断绝。贺婆婆生命力再顽强，也拖不了多久，不幸于1977年4月9日惨死于成都市第一门诊部的行军床上。

今天，我纪念贺婆婆，首先想到1957年著名的“党天下”提出者储安平先生。虽然他早在1947年就预言过：“老实说，我们现在争取自由，在国民党统治下，这个“自由”还是一个“多”“少”的问题，假如共产党执政了，这个“自由”就变成一个“有”“无”的问题了。”但他明知如此，还是留在中国，并担任过新华书店副总经理，1952年改任中央出版总署发行局副局长，1954年任九三学社中央委员兼宣传部副部长，并任第一届全国人大代表。其结果，他在1957年被打成右派，文革中生不见人，死不见尸。可见，当年他和一大批知识分子（包括我的许多前辈）对共产党多多少少都支持过，或存在过一些幻想，总以为共产党不会对知识分子斩尽杀绝。而且，直到今天，储安平先生依然是不予改正的中央级“五大右派”之一。他的教训并未被后来人吸取，当前，还有一批非党知识分子，谁上台就吹捧谁，为当局吹喇叭、抬轿子、货予帝王家。

中共发动多次政治运动的特点包括制造恐怖化和血腥化，甚至其内部也自相残杀。五十年代初的“镇压反革命运动”就是其中一个典型例子。镇反期间中共曾经定下杀掉人口千分之一的目标。实际上，最后的杀人数超过了这个比例。根据中共自己的统计，镇反期间估计反革命分子有两百多万人，镇反运动一共杀、关(劳改)、管(群众管制)各类反革命分子300万人左右。中国公安部副部长徐子荣1954年1月在一份报告中说，共逮捕了262万人，其中杀了71万2000人，是全国人口的千分之1.31；判刑劳改129万人；管制120万人；教育释放了38万人。按照这个说法，‘镇反’杀人突破了原定的人口千分之一的指标，大大超额完成任务了。”

但是，实际处决的人很可能还远不止这个数字。北京大学教授、中共党史研究专家杨奎松写道：“如果注意到1951年4月下旬毛泽东及时刹车并委婉批评一些地方太过强调多杀，以至有些地方明显地出现了瞒报的情况，故实际上全国范围实际的处决人数很可能要大大超过71.2万这个数字。”

有人估计，镇反运动中实际处决的人数在100万到200万人之间，甚至更多。

善良的贺婆婆及一大批中国知识分子的遭遇已经证明，在中国，自古至今仍然没有摆脱“成者为王、败者为寇”的规律。五十年代以后，中国人的生老病死被建在基层的党支部通通管控，民间社会已荡然无存。而且，各类政治运动接连不断，至今，人们仍能听到被中国政府不断践踏的受害者发出的声音。

历史由参与者的个人经历和社会背景构成。宫廷和官方历史向来粉饰太平或用胜利者的姿态书写，而民间历史记录可以寻回人生的独特意义，以细微的情节见证历史的真伪。中国少有为受难者或失败者挺身而出的义士，更鲜见“蚍蜉撼树”般的母亲。书写民间历史不但能使被书写的个人活在历史记录中，而且对还原历史面目、建立公民社会都有切实的意义。

“从鲜红的血泊中拾取，从不死的灵魂里采来。”安息吧，贺婆婆。驱逐山寨大王，建立自由宪政中国，我们还有艰苦的路途需要跋涉。

2016-9-12

21. 老成都的鹅卵石路

老成都除了有悠远的吆喝声，还有甜美可口的井水。如著名的薛涛井、诸葛井等。

锦江两岸和华西坝一带，还有牵动我童年记忆的鹅卵石路或小道。那时，光脚板走鹅卵石路，去锦江里光屁股洗澡是夏天的功课之一。黄昏时分回到竹竿做围墙的家里，五姨妈留的麻辣面条，我能吃一大钵。老成都多银杏树，银杏树树荫下的鹅卵石路已消失于水泥森林中，成为悠悠梦境。而在查尔斯顿水滨，你能看到橡树树荫下的鹅卵石路，恍如我已回到故居。竹竿院坝的围墙内，一条三合土路，两旁排列着万年青，路中的圆环里种植着棕榈。那些白色的花穿过我的记忆，我把它献给我的冤死的母亲和饿死的吴爷爷。

人有迁徙的自由，不可能一辈子挖山不止。人老了，难免有童年的记忆，这里既有美，还有爱。老来爱孙。更多的乡愁已被我 11 月初刚一岁的孙子和四岁的孙女消解。

昨天晚上，我儿子发来视频，我的孙子已能歪歪斜斜地走几步，看得我和妻子哈哈大笑。过不了几年，我可能走路也会踉踉跄跄。

2018-11-6

22.　缅怀刘晓波先生

十年前的今天，晓波因组织发布《零八宪章》再次被中共抓捕。

刘晓波一生做了三件大事：六四声援学生成为黑手；创建和发展独立笔会；巩固和发展民主中国网刊，用以身殉道的方式来弘扬《零八宪章》。

生做自由人，死成自由魂；爱为情所动，情由性灵生。这是晓波毕生的追求。

《零八宪章》群体走过艰巨的十年

《零八憲章》摘錄　／劉曉波

抽離了普世價值和基本政制架構的「現代化」，是剝奪人的權利，腐蝕人性，摧毀人的尊嚴的災難過程。21世紀的中國將走向何方，是繼續這種威權統治下的「現代化」，還是認同普世價值，融入主流文明，建立民主政體？這是一個不容迴避的抉擇。

《零八宪章》签名突破一万五千人。（含台湾一千多名签名

人）今晚，“零八宪章”签名整理小组将发布第 39 批签名。

为中国永不再发生六四那样的惨案，为中国的公民的权利能得到保障，为中国人的后代能享有真正的光荣与幸福，我们将继续“零八宪章”的事业，直到它的各项主张在中国一一落实。《零八宪章》第 39 批签名的 32 人中，有 7 人是青年学生。

一名学生留言说：我是一名学生。遗憾的是 2017 年底才知晓刘晓波先生逝世的消息。也正是从那时，才逐渐开始慢慢了解那一段历史，我自知环境所迫做不了什么，但我迫切想为我的自由和独立发声。《08 宪章》我看了好几遍，请签上我的名字！谢谢！

2018-12-8

23.　王怡，我的兄弟

互害的泥坑中一灯即明
我的兄弟，你找到了光
今生今世却不愿出走

你同许多兄弟一起
建立秋雨之福家庭教会
防止灵魂的迷失

明知是人质，面对苦难
直到熬成囚徒
你终于有了复活的笑容

潼川王怡，我的弟兄
我不是信徒，却话巴山夜雨时
我欠你一个“煽颠”的荣耀

2018-12-14

24. 斗草

成都人儿时用来斗草的"官司草"，荥经人叫做"牛筋草"，用来织草鞋，因其耐用。"牛筋草" 有许多故事，"结草衔环"中的结草，就是指用"牛筋草"缠成乱结的典故。

斗草在我心中并未远去。我家草地上，偶尔也冒出几株"官司草"，常勾起我的记忆。

日斜沽酒回，未饮人先醉，突闻杜宇啼，斗草已忘归？

斗草游戏很有泥土味，不用花一分钱，就能使你乐而忘返。这是不局限于成都的儿童游戏，但各地的称呼不同。成都还有丢窝儿、办姑姑宴儿、逮猫儿、斗虫虫儿、弹弹子、跳拱、拍覆、跳绳、翻橡筋（翻花绳）等儿童游戏。当然，雅一点可以猜谜、剪窗花等。

宋朝晏几道有一首耐人寻味的词，不料华年如倒影，伊人亦如行云，不知去向，徒留下伤感。

临江仙•斗草阶前初见

斗草阶前初见，穿针楼上曾逢。罗裙香露玉钗风。靓妆眉沁绿，羞脸粉生红。流水便随春远，行云终与谁同。酒醒长恨锦屏空。相寻梦里路，飞雨落花中。

2018-4-10

25. 谈谈知青情结

我的同辈人中，大多数有知青情结。他们下过乡，受过难。当年叫苦连天，百般活动回城。而今到了晚年，又旧地重游，反而壮怀激烈，开始著书立说，歌颂毛的上山下乡运动，毛的罪恶全变成了伟业。我的同辈亲人中，几乎都有这种知青情结。有的还较“革命”，当年就批判自己的狱中父亲，带头划清界限，带头上山下乡，而且把我这样不愿意下乡的亲人，称为反革命。真是一代人的悲哀。

我在此指出，迫使城镇中无业青年到农村落户，早在文革中的上山下乡运动之前已有过几波程度不同的动员。这是中共当局为解决城市失业问题，从 50 年代即开始实施的一项政策，所谓家庭出身不好的子弟多首当其冲被发配到穷乡僻壤。

我的这位亲人，至今没有自省，尽管被他带下乡的小妹，因被人强奸，至今没有回到成都，这是一代青年的血泪，绝非个别现象。

我不愿意下乡，是因 1961 年，我曾随学校下乡支农半年，亲眼目睹大饥荒中饿死人。所以，政府两次逼迫我下乡，我都设法逃避。我怕再挨饿，并非有先见之明。

以下是讨论：

@HeQinglian（何清涟）

Replying to @caichu88

这代人，如果没通过上学、经商改变阶层地位，基本如此。其后代如果仍然没改变社会地位，不少成毛左二代。

欧洲是共产主义发源地，目前已经具备金融危机的一切可能，源头是高福利制度的社会负担，但最后会归咎于资本主义危机。俄、中受马共之害甚深，从中国现在那么多马粉来看，将来还会栽在这个坑里。

@caichu88

的确如此。

@HeQinglian（何清涟）

1940 到 1959 年整整两代人，青少年时代就是毛时代度过的。这代人如果活到今天，还没活明白，那就永远也别想活明白了。

人活一生，钱、权等最后都成烟云，如果连个明白人都做不了，我无话可说。你真应该策划一个专题：《致同代人：我们活明白了没有》。

@caichu88

好主意！但感觉明白人少。

当年若作明白人，就是中共当局的敌人。南京知青任毅因为一首《南京知识青年之歌》，也以“创作反动歌曲、破坏知青上山下乡、干扰破坏毛主席的无产阶级革命路线和战略部署”罪名被捕，最后“一曲知青歌、九年牢狱罪”。而且人们还说，在那草菅人命的年代，这简直算是一个轻判。

@caichu88

如今的明白人也大多数处于沉默中，因为他们仍处于中共制造的恐怖中。不是不明白，而是如何战胜恐惧，已经非常重要。

中共已成功把大陆改造成物欲横流的社会，明白人被嘲笑为傻瓜。现在看，“永远也别想活明白了。”的人仍然不少，这也许是这两代人应付出的代价。

@caichu88

还有，现在策划专题讨论，能公开参与讨论的大陆作者多是用化名，已经不像前几年用真名的居多。这种现象，一方面表明中共加强了打压，另一方面会使讨论的公信力下降。有的讨论，即使是海外作者也采用化名。因此，外国友人担心这种中文讨论对中国走向自由民主宪政的影响力减弱。所以，首先应当战胜恐惧。

（2018/07/03 发表）

26. 沉痛悼念老友孟浪（推特文五则）

蔡楚推特文五则：

1，蔡楚：2001 年夏天，我在波士顿与孟浪夫妻合影

香港医院向孟浪家人发出病危通知，孟浪危在旦夕。

孟浪是中国 1970 到 1980 年代地下文学运动的参与者之一，也是 1980 年代中国现代诗重要群落“海上诗群”的主要代表性诗人。

他曾吟出：“连朝霞也是陈腐的
连黎明对肮脏的人类也无新意。”

“世界席卷而去！”

2018-12-4

2，孟浪（1961- ），出版诗集《连朝霞也是陈腐的》（1999〕。

连朝霞也是陈腐的

连朝霞也是陈腐的。
所以在黑暗中不必期待所谓黎明。

光捅下来的地方
是天
是一群手持利器的人在努力。

词语，词语
地平线上，谁的嘴唇在升起。

孟浪:连朝霞也是陈腐的

1
连朝霞也是陈腐的。

所以在黑暗中不必期待所谓黎明。

光捅下来的地方
是天
是一群手持利器的人在努力。

词语，词语
地平线上，谁的嘴唇在升起。

2
幸福的花粉耽于旅行
还是耽于定居，甜蜜的生活呵
它自己却毫无知觉。

刀尖上沾着的花粉
真的可能被带往一个陌生的地方
幸福，不可能太多
比如你也被派到了一份。

切开花儿那幻想的根茎
一把少年的裁纸刀要去殖民。

3
黑夜在一处秘密地点折磨太阳
太阳发出的声声惨叫
第二天一早你才能听到。

我这意外的闯入者
竟也摸到了太阳滚烫的额头
垂死的一刻
我用十万只雄鸡把世界救醒——

连朝霞也是陈腐的
连黎明对肮脏的人类也无新意。

4
但是，天穹顶部那颗高贵的头颅呵
地平线上，谁美丽的肩颈在升起！

2018-12-5

3，蔡楚：沉痛悼念老友孟浪

各位朋友，孟浪已在几个钟头前于香港沙田医院去世。他生前已皈依了基督教，愿他在天之灵安息。

孟浪（1961- 2018）原名孟俊良，祖籍浙江绍兴，出生于上海吴淞，中国现代诗人。独立中文作家笔会创建人之一。

图：2015 年 3 月 22 日，孟浪在台北梁实秋故居‘音乐会’上朗诵诗歌。

2018-12-12

4，孟浪：無題

直播一個民族的死亡
直播一個國家的死亡
哈利路亞，只有他一個人在復活中。

誰直接掐斷了他的復活
這個民族沒有凶手
這個國家沒有血跡。

孟浪：無題

直播一個民族的死亡
直播一個國家的死亡
哈利路亞，只有他一個人在復活中。

誰直接掐斷了他的復活
這個民族沒有凶手
這個國家沒有血跡。

現場是做了手腳的
那些醫生的手腳，充滿了仁慈
充滿了這個民族、這個國家。

能瘦一點嗎？能再瘦一點嗎？
就像他，一個人，他最後的消瘦
一副骨架也撐起整座人類博物館。

直播一個民族的死亡
直播一個國家的死亡
哈利路亞，只有他一個人在復活中。

2017 年 7 月 11 日凌晨 0 時 58 分

2018-12-12

5，孟浪送给我的诗集《一個孩子在天上》，

如今，他真去了天上。

一个孩子在天上

用橡皮轻轻擦掉天上唯一的一片云。

2018-12-12

27.　　通往天堂的名片

一个孩子在天上
给我稍来通往天堂的名片
他说天堂里没有痛苦
人的灵魂将得到永生

我在祈祷中回复他
我宁愿做一个血性的人
让余生能再读到你的书
领受黯然的残缺美

2019-1-4

28. 《大劫难》书中的人吃人、吃亲生子女、吃尸体

书中，多位大饥荒幸存者讲述了大饥荒导致人性沦丧到人吃人的恐怖场景。

有的是听说过，有的亲眼所见，有的本人就吃过人肉，最惨的是家里亲人被饥饿者吃掉。

编者之一的童梓平提到一位叫杨学蓉的农民亲生儿子饿死後，他把儿子的大腿肉割下来吃。

另一位编者吴阿宁说，他的妻子田久芬那时年幼，因为脸比较红润，家里就特别担心被人偷走杀了来吃。石丰纲访问的幸存者谈到了三四十起吃人事件，其中十二宗是吃自己的亲生子女。

参与调查荥经五九惨案的杜治中亲眼见过路边两具男尸被脱去裤子，「从臀大肌到腿肚子的肉都被割走了，露出青紫色的刀痕。」他说，此後「吃死人的现象很快波及开来。」倒在路边的尸体吃完了，就去挖出埋掉的尸体来吃。一个叫丁郭氏的农妇把自己刚死了的孩子煮了来吃，她虽然活过了大饥荒，但後来孤独内疚一生。天宝公社社员石章辉回忆同院张姓人家七口人，全家先饿死五口，剩下儿子张厶哥和他母亲，在母亲饿死後，张厶哥将母亲肉割下来用火钳在火塘中烧了来吃。石章辉的年幼弟弟因为饥饿问张厶哥要来吃。张厶哥最後饿死。石章辉这位弟弟也因为吃了腐烂的人肉中毒而亡。

六合乡的农民杨六蓉一家七口，六口被饿死、被吃掉。大队干部告诉她，在同一生产队陈玉清家中发现她母亲的尸体，「肝脏弄在锅里炒得绿阴阴的。」

荥经县这场大饥荒直到一九六三年夏收之後才基本结束。这段惨绝人寰的悲剧给荥经人留下了永远无法弥合的创伤。他们希望公开历史真相。

二00六年童梓平和杜治中投稿文学刊物《浅草》，首次揭开荥经县的这道历史伤口，童梓平的文章後来还发表在《炎黄春秋》上，经网络传播后引起不少震动。童梓平先生今年已九十高龄，多年来一直希望将大饥荒亲历者的见证汇编成书。他说，自己在荥经生活了六十多年，出这本书是他人生最後一个任务，这也是他献给荥经三年大饥荒受难人民的最後一份祭品。

此书将被中共颠倒的历史事件再颠倒过来，恢复其原貌，还历史受害者以公道，让历史的正义得以伸张。

童梓平，浙江宁海人，中共干部，一九四九年由重庆地下党派他到当时尚未「解放」的荥经县。一九五七年被打成右派下放基层，五九年摘帽後派到生产队做包队干部，亲历了那段饿殍遍野的悲惨岁月。

原四川政协主席廖伯康曾向杨尚昆反映四川饿死 1250 万人。当时周恩来、邓小平都极力掩盖大饥荒灾情。

●《四川榮經大飢荒紀實》兩位編者童梓平（左）和是阿寧。

图左为童梓平

2019-01-10

29. 我看改革开放四十年

始于 40 年前的大陆改革开放，并非官媒吹嘘的理论创新和伟大实践，更无什么历史功绩。而是文革让经济濒临崩溃已危及中共政权的安危，启因于毛泽东死后根基浅的当权者稳不住阵脚，高层被逼无奈而开始的被动变革。当时我认为专制如酒桶，毛如桶箍，桶箍崩裂，专制就快要散架。

随着平反、摘帽，允许城乡多劳多得，重新恢复高考等政策的推行，出现了稍微宽松的局面，摸着石头过河的改革也就且看且行。此局面唤醒了当权者的贪腐本性，同时也激活了年轻人的自由天性和对民主的追求，酿成了六四血案，从此改革成为僵尸。但经济活动仍获开放，此非隆恩，而是高层无奈下的妥协结果。

随着外资和新知识新技术的竞相涌入，更借入世巨大推力，大多数人开始告别赤贫。本来新气象可作为重启改革的难得契机，但独裁者却惧怕面对六四，使和解无望。红二代进一步肆无忌惮，官二代随之跟进。在他们示范下，各行各业从被动到主动而纷纷朝权看朝钱看，进而异化成了一种中共式病毒，并蔓延向世界。

四十年改革开放已成为当代世界最无序的重大事件。此种中共式病毒属于蔑视文明法则又挑战自然律的新病变，尽显了权力的寻租、傲慢与人性的缺陷。中国已无路可退。灾难将呈加速度降临。所以，不是改革已死，而是今日中国即使庆父已死，鲁难仍未已；少不了几十年的动荡期，这是中共背信弃义的自我选择,咎由自取。

2019-1-12

30. 记忆中的西岭雪山

因杜甫的名句："窗含西岭千秋雪，门泊东吴万里船。"而得名的西岭雪山，在我的记忆中并不只是美，还有片片随风散落的忧伤。

1968 年，我曾因修建一口天然气井场的土建设施，而在大邑县邮江区花水湾生活了一年。土建中队大部分人员，借住在花水湾栗子坪电站的宿舍楼里。我与沙世谦、陈弋、熊德雄等人离群索居，借住在老乡家。这里距离双河镇（现西岭镇）十来里路，周日，我们会步行去买些日用品。

雨天不好施工，我和熊德雄常去乡间小学，教孩子们唱捷克斯洛伐克民歌《牧童》和俄罗斯民歌《朋友》，及其它外国民歌。这在当时有点冒险，会被扣上宣扬"封资修"歌曲的帽子，好在山乡小学老师不知歌的来源，使几首外国民歌在孩子们中传唱。1970 年，熊德雄到邮江煤矿工作，孩子们仍然亲切地称呼他"熊伯伯"。

那时，不仅全国山河一片红，全国民众还缺吃少穿。我曾从大邑县双河镇，爬六十里山路到芦山县大川镇去扛楠竹回队建房屋，而在山中见到没有加入"人民公社"的单干户。他们虽然身披兽皮，但红光满面。不像山中的公社社员一脸菜色还衣衫破烂。许多山民有布票却无钱买布，我曾目睹山民，夏天在家中就不穿衣，难怪赫鲁晓夫说：中国人"三个人穿一条裤子"。

单干户以打猎为主，也种些洋芋和蔬菜。主要的狩猎对象是高山牛羚，山民们称为野牛。兽皮可以卖给供销社，也可以换盐或粮食等生活必须品。山民们都不知道四川在开展"开气找油"的石油大会战，但他们居然知道大庆和大寨，不是因看报，而是来自天天广播的有线广播站。个别的狩猎人甚至不知道朝代或时局的变化。

在大川镇供销社，我买到了当时市面上凭票才供应的牙膏和肥皂。可见山民就不用这些“非生活必须品”。而据悄悄给我们卖鸡蛋的老太婆讲，山中的主食是洋芋，还不能随便吃饱。我还去观看了地震形成的地沟和改道的河流，在望不到边际的高山河滩上，感受到大自然留给我们的一份荒漠。

而毛泽东思想广播站却深入了山乡。每天早上到晚上都是：“毛泽东思想广播站现在开始战斗”，甚至半夜也会一阵呼声，说需要去保卫毛主席。而山民们的口头禅却是：“妈屁干部，显屁眼白，梳光光头”。

那时的邮江水清澈而冰冷，酷爱游泳的我，只下水去试过水温，就断了游泳的念头。山民们说是因大雪塘的雪融化成山泉而流下，不像后来邮江煤矿开采后，邮江水被污染成一条蜿蜒的黑沟。

江中有一种冷水鱼，细鳞而肉质鲜美肥厚。这里的蛇很多，夏天在花水湾栗子坪电站的宿舍楼上，可以看到江边的大石上晒太阳的一种黑蛇。据说还有蟒蛇，毛泽东思想广播站，曾半夜尖声呼请去围歼蟒蛇。在山民的传说中，蟒蛇的眼睛在夜晚像一对红灯笼。

我们曾帮助山民围猎过一头麂子，山民把麂子赶下山，麂子慌不择路，连连涉过几块水田，但猎户说麂子的四只蹄子被泡软，动作开始缓慢，我们才把它按倒。而这里的规矩是：上山砍柴，见者有份。因此，在水田中抓住麂子的李德荣得到一张麂皮，而熊德雄和我只分到一块麂肉。

也许身在山中，反而不见雪山雪景。常见的就是一团雾气，弥漫在四周。哪里去找现今，“春赏杜鹃，夏避暑，秋观红叶，冬滑雪”的西岭雪山广告格局？

离开西岭雪山前，我到双河镇去买了一对香樟木的箱子，记得花了 15 元。至今还放在我的旧居中，作为西岭雪山留下的一点悠悠的回味。

1997 年出国前，我又去西岭雪山。不是为了赏景，而是去向老友熊德雄告别，他当时在邮江煤矿工作。汽车在邮江矿区的花水湾和天宫庙一带转了几圈，也没有找到熊德雄。我只好黯然而返。当时，我看到邮江一带的变化，山民们应该告别了赤贫，吃饱了洋芋烧牛肉。

熊德雄是我做临时工时的老友，抬过一根杠子，打过一根二锤。从 1963 年开始到 1970 年，我俩一起闯荡江湖，友谊保持了 55 年。熊德雄酷爱音乐，拉一手好手风琴，我母亲生前曾夸奖他的嗓音比我好。

去年 11 月，他因感染细菌性脑膜炎而不幸去世。这几天，我常想起当年，我们的歌声或许还回荡在西岭雪山："我亲爱的手风琴你轻轻的唱，让我们来回忆少年的时光，春天驾着鹤群的翅膀，飞到了遥远的地方......"

2019-1-12

31. 大饥荒时成都中小学生的零食

大饥荒时缺少糖果，成都中小学生的零食就是海椒面和盐巴。记得那时我们用纸包一点搅合的海椒面和盐巴，上课时也舔一舔。我们把这种零食叫做"莎米"，可以使你暂时忘记饥饿。当时进过嘴的有，芭蕉根、小球藻、糠馍馍、烧老鼠肉、灰灰菜等。饥饿是长时间的，更刻骨铭心。

那时我最大的愿望就是长大后能吃一顿饱饭，即使到 1968 年已不饿饭了，我在大邑县邮江区花水湾，还花两元钱买了一只母鸡、炖汤。一次吃的精光，以满足少年时的欲望。记得我边吃边哭，院子里的乡民看得目瞪口呆。

刻骨铭心的饥饿使我至今还保留着吃零食的习惯。不过现在的零食是花生米和芋头，一天至少吃十来次。每次几粒花生米或两块芋头。

我家去年挖的芋头，至今没有吃完。

以下是与推友的对话：

绝不支持不能反对的政府@wwoowy

记得小球藻，还有糠麸散，菜窝窝，槐树叶。邻居主妇是食堂会计，却经常吃油炸馒头片。

Cai Chu@caichu88

糠麸散需要医生开证明，是当时中医治疗水肿病的药品。

绝不支持不能反对的政府@wwoowy

这么说就对上号了。当时母亲水肿，拿些糠麸散和糠麸饼干回家，自己舍不得吃，我们却经常偷吃。母亲知道了，一笑泯之。

Cai Chu@caichu88

我当时患轻微水肿病，体重只有 86 斤，夏天不敢下河游泳。用过糠麸散，但效果不佳。后来到成都罐头厂买一种人造牛奶（牛骨汤加古巴糖），每斤 2 毛钱，喝了两个月，水肿病才完全消失。

2019-01-17

32. 大饥荒时为什么没有大规模反抗？

六四学生领袖周锋锁于 2019 年 1 月 19 日在推特上提出：

大饥荒时四千万人被饿死了，为什么没有大规模反抗？是不是有其他出路，的确值得研究，也可以以此推测未来中国经济危机时底层的反应。

下面是蔡楚的回帖：

一九五八年毛泽东和中共倡导三面红旗（总路线、大跃进和人民公社）使中共自大膨胀，当时提出左倾口号："一天等于二十年。跑步进入共产主义社会。"致使农村大刮共产风和浮夸风。而四川的各级官员为了升官，把粮食的亩产层层浮夸，造成农民交了公粮后已无口粮。这种情况持续几年，咋不饿死人？当时的中共既出口粮食，又打肿脸充胖子，拒绝外国的援助。中共还谎称是"三年自然灾害"。其实那三年风调雨顺，没有大规模的自然灾害。

六十年后的今天，尘埃基本落定，回首当年灾难的脉络非常清晰。基本上遵循了这样一个过程：大吹牛—高估产—高征购—刮尽余粮—反瞒产私分—遍地饿殍—抓替罪羊—掩盖真相。把真相还给阳光。

这分明是一场人祸。1962 年初中共的七千人大会結束后，劉少奇曾提到：历史上人相食，是要上书的，是要下"罪己诏"的。而毛泽东却重提阶级斗争，痛批单干风和翻案风。

毛泽东就是中共的罪魁祸首。1958 年大跃进與人民公社运动的失败，使中國经济遭受空前的浩劫，饥荒蔓延全国，造成了中共执政以来的最大危机。由於遍地餓殍，毛澤東的威信大為降低，被迫辞去国家主席。但 1966 年毛又发动文革，造成更深的危机。至今毛的阴魂不散，继续祸害中国。

中国地方志的大事记中，1958－1962 年间有大量的关于组党、进行暴乱的记载，其中尤以四川、贵州、甘肃、安徽等省为多，许多县志中均有提及。当年，雅安凰仪公社武装部长李文忠率众奋起，持枪抢库，开仓济民。当局派军队镇压，李文忠判二十年。

1961 年安徽“劳动党”事件，黄立众起义判死缓，文革中判死刑且立即执行！黄立众 1956 年 9 月考入北京大学哲学系。因说了农村饿死人的实话，1958 年 8 月被开除团籍，1960 年 6 月被校长陆平开除学籍。之后回乡务农。1960 年组建了中国劳动党，其制定了《惩治官僚主义腐败分子临时条例》，准备在 1961 年春节期间发动暴动，后被两个连的部队剿灭。至今没有昭雪。

黄立众的中国劳动党，当年就扩展到四川。只是已经不是暴动组织，而是左翼的秘密组织。直到文革中，四川的军管会还在清理中国劳动党。我认识几位大学、中专、高中的学生，当年都受中国劳动党的牵连，有的入狱。有的被取消高考。尽管没有形成全国的大规模的反抗，但给中国的反抗运动史留下了血性的一页。

中共暴政烈于皇朝，支部建在公社的大队上，小队也有党小组，故而民间社会已荡然无存。加上户籍制下人口不能流动，枪支管控下没有反叛的武器，因此，不能产生陈胜吴广似的大规模农村暴动。即使像李自成躲在商洛山中，视机而动也无可能。中共垄断了一切资源，不是饿死就是入狱。局部的暴动也很快被消灭。

如今已不是揭竿而起的时代，但是，中国未来的路径依然是：“暴政当除，宪政当立”。可以进行颜色革命，推动公民不合作或各省自治运动。也可以广场嘩变，推动全局，不依赖一条路径。总之，免不了几十年的动荡期。别期待美国来解放中国，也不指望中共能放下屠刀立地成佛，一切得靠中国人自己救自己。

中国的反抗运动史需要发掘整理研究，活化石当继续发现以见天日。死去的，如北大林昭曾经创办"中国自由青年战斗同盟"，1968 年她被枪毙后，林昭的档案，在 1980 年代曾一度开放，但不久又被封存。像黄立众和林昭一样的化石还有不少，如遇罗克、冯元春等，今天，还悄无声息地躺在档案馆里。而化石也会风化。

面对愈演愈烈的分散的群众反抗运动，我们呼唤秉持自由主义理念的各界社会精英们的良知和理性，现在已经到了不仅在言论上更要在行动上挺身而出的时刻了。""在不许自由的地方，如果要实现自由理想，只有用行动践行它；在泯灭真理的地方，如果相信真理不灭，就要用行动见证它。"

2019-01-23

33. 谭松：血紅的土地：中共土改採訪錄

封面

作者：譚松

出版年：2019[民 108]

出版社：亞太政治哲學文化出版貿騰發賣總代理

ISBN：978-986-96921-1-3; 986-96921-1-7

格式：PDF

本書有 DRM 加密保護，需使用瀏覽器線上閱讀或 HyRead 閱讀軟體開啟

電子書連結網址：

https://ebook.hyread.com.tw/bookDetail.jsp?id=168801

◎這本書正是在感性認知和理性認識的高度結合中，還原了土改血史和認識了土改血史，並因感性和理性二者兼備而達到了很高的

「審美」境界。雖然，這一由鮮血凝結而成的「美」（指認識的真切深刻而言），卻蘊藏著歷史所絕不該有的那一幕幕曠古悲劇。

——辛灝年（作家、學者）

◎如果要說這本調查採訪實錄同方方的小說《軟埋》有什麼不同的話（不是指文學形式），那就是，川東土改真實的慘烈程度，百倍於小說！——《紐約時報中文網》2017-9-29

主要章節目錄

2019-02-04

34. 给一位基督教家庭教会传道人

四十年前，成都
你刚出狱，我获平反
你谈见证，谈心灵中自有一座神殿
即使身居监狱，绝不丧失信仰
为此，你坐牢二十多年

我再没能见你，听说你又进监狱
我甚至记不清你的名字和容颜
但我记住了你一生的坚守
唱首忧伤的歌怀念你
唉，命运不能把你改变

2019-2-14

注：**心灵的自由就是大自由**

1981年，我在成都老友杜九森的母亲谢素云家，偶遇一位家庭教会的传道人，听他讲自己的见证和经历。他告诉我，他刚从监狱出来，坐牢二十多年也不改信仰，从来不臣服于“无神论”和“三自教会”。后来，听说他又进了监狱。

他对我说过的一句话，却使我至今难忘：“教会不能臣服于党派，人若信奉神，即使身居监狱，心灵中自有一座神殿。”使我对这位虔诚的基督教家庭教会传道人，产生了深深的敬意。他把铁窗生涯变成苦学修为的时光，不愧为一位真正的圣徒。

35. 送别张先痴先生

张先痴，原名张先知，1934年3月8日出生于湖北黄冈官宦之家。张早年就读于教会学校，接受西方式教育。1950年，张入二野军政大学，加入共青团，任团支部副书记。因其父张家驹系国军少将，被中共枪毙，1954年张被转业到四川。1957年张先痴被打成“右派分子”，先后被劳教、劳改23年。

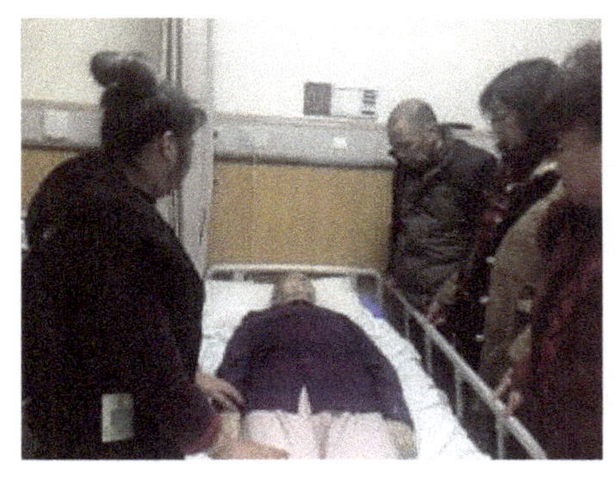

张先知自幼爱好文学，1956年，以笔名“张先痴”发表文章。张先痴后半生反思命运、直面人生，创作出版了《格拉古轶事》、《格拉古实录》、《格拉古梦魇》的格拉古系列三部曲。格拉古，即中国式古拉格。为后人留下了不可多得的“右派”炼狱纪实文本。晚年的张先痴几近双目失明，仍坚持拿着放大镜读书和写作。

张先痴是八九民运的积极参与者，《零八宪章》首批签署人之一，独立中文笔会会员。张先痴于2019年2月21日18时30分因病于四川成都逝世，享年84岁。

李化平推特：德不孤则有邻。今天上午，弟兄姊妹在成都举行追思礼，送别张先痴弟兄。

章诒和先生挽联：

一介孤标，蹉跎蹈厉成白璧

千秋正气，書生何須上青雲

流沙河先生挽联

2019-2-23

36. "业余驯兽师"陈云飞 3 月 25 日出狱

六四 18 周年当天，因在《成都晚报》上刊登"向坚强的 64 遇难者母亲致敬"的广告，被警察从家中带走，处以监视居住半年。2017 年 3 月陈云飞因拜祭六四遇难学生，被成都武侯区法院以"寻衅滋事罪"判刑四年。陈云飞以一系列行为艺术闻名于世。

2019-3-24

附录：陈云飞被判刑，想起四川刘师亮

四川才子刘师亮（1876-1939），原名芹丰，又名慎之，后改慎三，最后改师亮，字云川，别号谐庐主人，清末民初四川内江人，以"蜀中幽默大师"之誉闻名于世。

传说中，他自幼好学，善做对联。当年，光绪和慈禧的讣告到成都，官方照例停止娱乐，以示哀悼。他写了一副挽联："洒几点普通泪。死两个特别人。"横额是："通统痛同。"被成都巡警道周孝怀，以刘师亮联意不恭，违犯警法，判处拘留三十天，后改为罚款三十枚银元示儆。

二十年代，他在成都创办《师亮随刊》，曾以对联"民国万税；天下太贫。"讽刺民国。民间传说刘师亮曾大白天提着灯笼在街上走，别人问他这是干啥，刘说:『没光明,看不见。』

当朝的四川"业馀驯兽师"陈云飞，六四 18 周年当天，因在《成都晚报》上刊登"向坚强的 64 遇难者母亲致敬"的广告，被警察从家中带走，后以"涉嫌煽动颠覆国家政权罪"处以监视居住半年。陈云飞以一系列行为艺术闻名于世。

今年 3 月陈云飞却因拜祭六四遇难学生，被成都武侯区法院以"寻衅滋事罪"判刑四年。

苛求自己的陈云飞，既有悲天悯人的情怀，又是侠骨柔肠的志士。一次，黄琦的父亲病逝，陈云飞去帮忙，当他打开挎包，拿出 1000 块钱交给黄妈妈时，黄妈妈差点掉下泪来，因为陈云飞的挎包里，装了一大包冷馒头。

隋牧青律师：陈云飞寻衅滋事案今天下午当庭宣判，陈云飞获刑四年。陈云飞微笑着打出胜利手势，表示要上诉，理由是判刑太轻。

我们将陈云飞憨逗的脸谱重新定格，舒畅的眉宇下，挂着的那张憨笑，可以感动中国吗？

陈云飞和刘师亮，同样是"蜀中幽默大师"，其遭遇却截然不同。

时光过去近百年，中国官方容纳幽默的程度反而后退，说明当朝的正义性已荡然无存。清明时节拜祭逝去的亲人，是中国民间千年来的习俗。陈云飞无罪！

一个连幽默大师也被判刑的社会还有未来吗？

（2017/04/08 发表）

37. 中国大陆异议人士郑贻春去世

| 2018-12-23 09:33:00 |

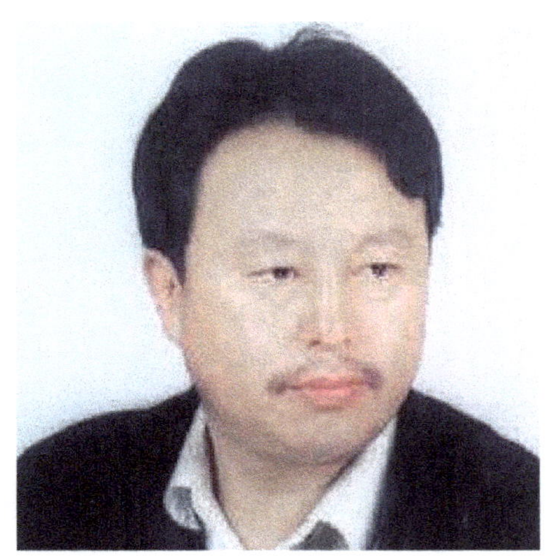

翟荣枝提供：中国大陆异议人士郑贻春

郑贻春先生于 2018 年 12 月 13 日下午 1 点 30 分不幸去世，享年 59 岁。

郑贻春（1959 年 1 月 27 日）辽宁营口人。1983 年 8 月毕业于大连外语学院英语专业。因参与“六四”运动并拒绝悔改，被终止任教资格。1998 年参加中国民主党组党工作。2005 年被中共判刑七年。出狱后身患多种疾病。

据《开放杂志》2006 年 1 月号报道，郑贻春是《九评共产党》一书的作者。2005 年 12 月郑贻春荣获首届“希尔德布兰特博士”国际人权奖(Dr. Rainer Hildebrandt International Human Rights Award)。

郑先生是《民主中国》网刊的作者之一，已出版著作有《大陆架的命运》与《洗脑》等 8 部诗集。蔡楚在此表示哀悼。

郑贻春遗孀声明

中国大陆异议人士郑贻春于 2018 年 12 月 13 日下午 1 点 30 分不幸去世，享年 59 岁。

我叫翟荣枝，是郑贻春的遗孀。我郑重声明如下：任何单位和个人均不得采取任何方式，利用郑贻春之名在国际互联网上及其国际各组织之间进行诈骗活动。一经发现，我将追究其法律责任。望各界人士周知，以免上当受骗。

如有上述情况发生，请与我本人联系。电话：13390258815，13940751650

特此声明

声明人：翟荣枝

2018 年 12 月 23 日

38. 与春花秋月一同此消彼长

在儿子家住了一周，天天与孙辈一起玩吹泡泡、捉迷藏、去公园，不亦乐乎。孙辈渐渐成长，我心喜悦。

孙辈犹如春天，美丽可爱，欣欣向荣。我辈恰如秋天，金色灿烂，夕阳无限。

星移斗换，此消彼长。磨铁成针，水滴石穿。做事贵在坚持。

莫比尔家前院的杜鹃花。蔡楚 1997 年手植，2018 年 3 月手机拍摄。

去年秋月白，今晨杜鹃红。
人世有代谢，把酒论豪雄。

2019-3-12

39. 向许章润、唐云等捍卫言论自由的读书人致敬

皇权时代，读书人的命运货予帝王家。但当时土地私有，还可能产生陶潜似的人物，可以退而归隐田园。

党权时代，一生交给党宰割。党占领一切资源，读书人若不甘为当局吹喇叭、抬轿子，就只能关监狱、做苦力或逃亡。我在大陆和美国做过二十多年苦力，知道底层苦，但底层讲义气，所以，也留有一份坦荡。

美国的机遇相对多些，所以，我这样的苦力还能保持尊严。而我的祖辈和父辈，为了尊严，都相继惨死于共产中国。

我辈若想独立，只能离开中国。

谁愿意背井离乡？无非想努力改变环境，这就不是个人能力的问题了，君不见成千上万的良心犯和流亡者？君不见走上祭坛的刘晓波？中国宪政的路上，刻下他们沉重的背影。

以下是推特对话：

@Kathycheung8

在中国就是当奴隶！什么尊严啊？共产党和那些统治者故意用这些词羞辱那些已经离开他们的人，好让那些没离开的人，感觉光荣的继续给他们做奴隶！

@caichu88

没有在大陆生活过吧？

尊嚴這東西，正像流沙河先生回答《南都周刊》記者采訪時所指認，老舍那一代很看重尊嚴自殺者很多—“他們那一代自殺的多，我們這一代自殺的少。為什麼？因為他們接受的是民国的傳統文化，還要

做 gentleman，把尊嚴看得很重。而我們這一代呢，更容易逆來順受，更容易苟活。”

@xiangwentian75

Replying to @caichu88 @iguangcheng @VOAChinese

这在美国直接去法院状告学校违宪。

在中国，嘿嘿

@caichu88

宪法的本质是什么呢？是人民与政府订立的契约。那就是：规范与约束政府的权力，保障与维护公民的权利。而中国大陆党无法无天，党统治一切，所以说，中国大陆没有宪法，只有党法和党规。

毛泽东曾经坦言：“没有宪法的社会，是最好的社会。”

“制定宪法，本质上就是否定党的领导，在政治上是极其有害的”。

2019-03-29

40. 74 岁生日《苦力感言》

一个苦力，活过 74 岁已属不易，小酌几杯，唠叨几句。

感谢上苍，令我懂得读书能使人明白事理，遂擅自走上争取权益、救赎自我灵魂之路。

前五十年，我在大陆，深知大陆的政治从来不清明。统治者全都是台上耍水，不然何谈“治”？统治者换着名称耍弄百姓，老百姓不是奴才便是工具，甚至连装配进红色绞肉机，作一颗螺丝钉的资格也没有。

后二十多年，我在美国享受到自由的滋味，但也深知这自由的边界和代价。所幸在美国，你可以远离丑恶，你有多种自主选择权。

当今世界所余下的一党独裁的国家已寥寥无几，但中国大陆却一枝独秀，究其原因，不能不说与美国在上世纪七十年代，推行的“亲中抗俄”对抗共产主义体制的策略有关。

历史已证明，中共不值得期待。当今大陆的统治者，比闻一多先生当年所写的“不如让给丑恶来开垦，看它造出个什么世界”，《死水》一诗中的意境更加丑恶。当代中国，人如韭菜，一茬茬被割杀。正义或公平已荡然无存。

我的苦力朋友们仍在成都，他们前年在“挣扎——《野草散文选》序”中说：这本《野草散文选》有甚么意义，我想大约应该是：这些集灵魂“悲悯与拯救”为一体的文字只表明——我们不但真实地挣扎地活过，而且真实地挣扎地写过。面对苦难人生，我们终将无怨无悔。《野草》的朋友毕竟已经老了，不得不回归到身体，选择做“最后的呻吟”。

而我的另一批签署《零八宪章》的朋友，绝大部分仍坚持在中国大陆。他们中有的还年轻，愿意努力改变中国。因此，我同样别无选择，愿余生能助他们一臂之力。

千秋野径谁踏

云独去，沽酒当垆

梅花醉，迢遥天涯路

蔡楚于 2019 年清明前醉草

41. 《鸡鸣集》出版前后 (组图)

1992 年初我访美归来，对陈墨提起美国出了一枚中国鸡年生肖邮票。由于我俩都属鸡，鸣叫便是天性，于是商议出版一本《鸡鸣集》。憋了几十年，叫出声来，才不辜负上苍赐给我们的一副好嗓子。

出版并不顺利，即使自费出版也需要找出版社花钱买书号，还需要通过无所不在的审查制度。那时，当局为广开财路，把书号分配到大学出版社，而中国社会只要认识熟人就好办事，经过我和表弟蔡源众一番活动，成都电子科技大学出版社同意出版《鸡鸣集》，而且在书的审查上，也没有那么严格。陈墨负责封面设计和扉页的题字，他找到流沙河老师为《鸡鸣集》题字。沙河老师非常支持民间诗社的活动，他的字官员用钱买，他不写。而对我们，他不但免费给《鸡鸣集》题字，题写了书名，还写了一幅对联送给陈墨。

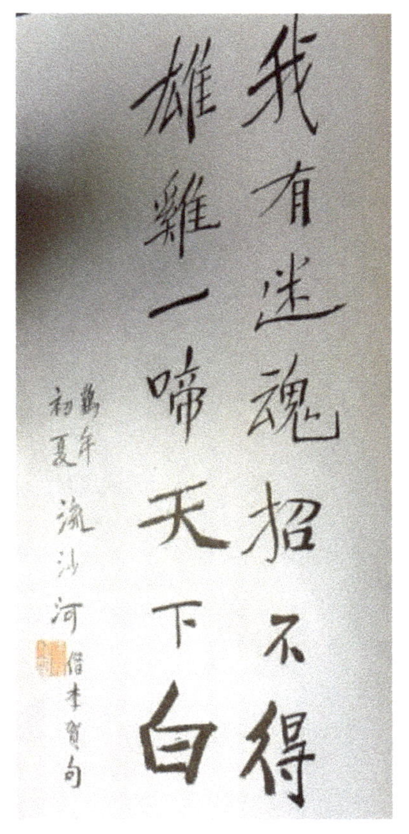

七十年代末，经老友张友岚介绍我认识画家谭昌榕。记得 1979 年在诗友杜久森家，谭昌榕曾给我用毛笔画了一幅速写，可惜我送他出门时，杜伯母把速写撕裂，丢进垃圾桶，理由是不太象，弄的我哭笑不得。谭昌榕不仅为《鸡鸣集》画了一幅鸡，而且题名“鸡鸣早看天”，事后还请杜久森和我到他家一聚，表示祝贺。

诗友刘宇（图右）为《鸡鸣集》设计了封面。陈墨为《鸡鸣集》写序，并选诗 38 首，我选诗 32 首。当时，我经常出差，就把校对的工作委托给陈墨。真是辛苦了陈墨。

1993 年 6 月，《鸡鸣集》出版后，陈墨和我办了一次感谢宴。出席宴会的除了《野草》的几十位诗友外，还邀请了流沙河、曾伯炎、周雨

沙河老师（右）

樵、贺星寒等体制内文友和两位编辑参与。自费出版一本 121 页的《鸡鸣集》加感谢宴共花费人民币一万三千元，读书人真有点负担不起。当时，很多诗友对《鸡鸣集》能否出版抱怀疑态度，此书出版鼓起了诗友们自费出书的兴趣。

画家谭昌榕（中）

流沙河、曾伯炎、周雨樵、贺星寒等体制内文友

两位编辑和陈墨、蔡楚

《鸡鸣集》是成都《野草文学社》第一本自费出版的诗集。1994年，诗友们自费印行了《野草诗选》，32开本，444页。内收1979-1993年间刊于《野草》及《诗友》杂志的诗选，其中包括文革前和文革期间的作品，共45家377首诗。1999年又自费印行《野草之路》32开本，428页。内收《野草文学社》成员诗文31家，计166首（篇）。从此，自费印行书籍成了"地下文学"的见证与纪念的方式，代替了当初的手抄本和油印本。

陈墨曾感叹："自认为我的诗是天下写得最美的，却碰到灭诗的时代和诗写得越丑越好的时代以及诗掉价成丝瓜、萝卜的时代。于是对诗美的追求几成《沉沦》式手淫。命苦呵！"

我认为："既是鸡，又何必要高飞。只要敢为天下先，'鸡鸣早看天'，也就值了。"这些从来不能登大雅

之堂的习作，凸显了“岩浆在地下运行”。中国的“地下文学”充分证实了，即使社会是丑恶的，人性中却仍有爱与美的闪光，区别于那些粉饰太平的泡沫文字。如果说，上帝的童话是天堂；那么，人类的童话就是家园。而“地下文学”，就是我们终身追寻的心灵自由的家园。这些地下作者是同时活在过去、现在和未来的人，他们的孤独是遗世独立的苍凉的问号。

附录

殷明辉（右二）

殷明辉：贺《鸡鸣集》出版写赠陈墨、蔡楚二君

（一）

风雨鸡鸣欲曙天，一声嘹亮惊尘寰。
劳人歌处总肠热，滋味凭君辨苦酸。

（二）

如炬骚章能揭伪，有芒椽笔敢言先。
扬葩振藻人争诵，横锦散珠世共传。

(1993 年)

2019-5-14

42. 蓝莲花，你还好吗？

南阿拉巴马大学湿地里的白睡莲，花较小，生长在浅水中。清晨含苞欲放，到中午怒放，傍晚闭合作酣睡状。据介绍，白睡莲开时，起初几天是白色，过几天变成粉红色。花期可达半个月。睡莲的根块富含淀粉，印第安人喜欢食用。蔡楚曾有诗集《别梦成灰》，其灵感就来自这清丽脱俗的白莲花。

莫比尔植物园里的睡莲不少，颜色多变，但不如这湿地的辽阔，故给人一种“池中物”的感觉。湿地的白睡莲是野生的，在路易斯安娜的湿地也能看到。1991 年，我开车过迈阿密去基韦斯特岛时，路旁就有许多湿地，开着白、红、黄、蓝、紫等各色的睡莲，还有无数的水鸟，或在浅水中嬉戏，或在蓝天上翱翔。返回时恰是晚上，让我领受到蛙声几十里的宏大野趣。

许巍《蓝莲花》
没有什么能够阻挡
你对自由的向往
天马行空的生涯
你的心了无牵挂
穿过幽暗的岁月
也曾感到彷徨
当你低头的瞬间
才发觉脚下的路
心中那自由的世界
如此的清澈高远
盛开着永不凋零
蓝莲花

时代毕竟不同了，前年我再去基韦斯特岛时，路两旁已没有睡莲，而是度假村林立。再也没有徐志摩当年的情怀："最是那一低头的温柔，像一朵水莲花不胜凉风的娇羞..."。这水莲花就是睡莲，却开在日本。

时代的风云际会，我常想起那位力推自由宪政的友人的网名就是蓝莲花。蓝莲花，你还好吗？软禁不能消磨你的意志，心灵自由的天空下任你开放。

2019 年 5 月 21 日推特文

43.　莫比尔的日本庭院 (手机拍摄)

我家在莫比尔住了二十多年，以前只去过建立于 1974 年的莫比尔植物园，其占地 100 英亩，由杜鹃花园、山茶花园、冬季花园、蕨类植物园、芳香园、日式花园、药草园和占地 40 英亩的长叶松林组成。今日去了位于春山公园左侧的日本庭院，路口有中英文标志。但庭院因无人管理，已衰败。

据说，日本庭院过去有人管理，但管理人去世，再无人过问。但庭院中的四口池塘却依然生意盎然。初夏的6月，荷花已开放，垂柳依依，一派亚洲风格。但荒草长的与荷花一样高。

荷花已结莲蓬子，明清的木版年画多采用“连（莲）贵子”、“连（莲）年有余（鱼）”等荷花吉祥图案，来表达人们的思想愿望。自北宋周敦颐写了“出淤泥而不染，濯

清涟而不妖”的名句后，荷花便成为“君子之花”。

古时江南风俗，阴历六月二十四日为荷花生日，荷花因而又有“六月花神”的雅号。小荷才露尖尖角,池边的小径和木桥、木廊还保存完整，伴着这正午的寂静的阳光。

小径上的座椅空无一人，庭院的“亚洲范”却一览无余。 可惜过了春天，日本庭院中的樱花已开过。惹人眼球的是池中

的乌龟和锦鲤，一听到动静就浮出水面，完全没有对人的惧怕。听说到 7 月，荷花会满池。因此，我准备夏秋之夜，来此踏勘“荷塘月色”。

可怜的乌龟和锦鲤，一听到动静就浮出水面，以为有人来喂食。院中杂草丛生，只有游人二三。尽管如此，我打算再去。只因这里是莫比尔市唯一能看到荷花的地方，同时还有几分野趣，估计夏夜能听到蛩吟和蛙鸣。

2019 年 6 月初

44. 太浩湖一周游（一）

第二次去太浩湖，（英语：Lake Tahoe）又译作塔霍湖，是一個位於美國加利福尼亚州和内华达州边界上的高山深水湖泊。是美國第二深的湖泊。

第一次去太浩湖在二十年前，而且是二月份去的，所以沿湖的路上都是积雪，没有多少游客。

这次与妻去观赏太浩湖的夏色，天更蓝、水更清澈，有的地方湖水蓝绿相间，如宝石一般。

南太浩湖的湖水如镜面，远处的雪山，似已沉睡千秋。

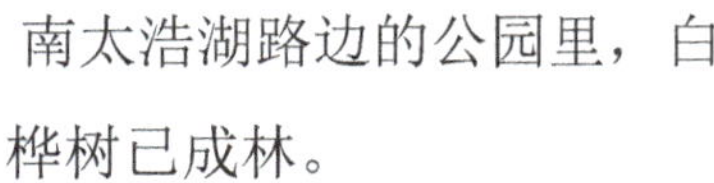

南太浩湖路边的公园里，白桦树已成林。

翡翠湾州立公园，翡翠湾(Emerald Bay)风景秀丽，俯瞰这片美丽的湖湾，你就能理解这里是“大自然鬼斧神工的杰作”。太浩湖主湖的湖水清

澈，湖面如同宝石般湛蓝；而位于湖西岸的翡翠湾较浅，湖面呈现蓝绿色，美得沁人心脾。

翡翠湾的雪水瀑布

雪山上的小湖泊

45. 太浩湖一周游（二）

落叶湖（Fallen Leave Lake）

落叶湖是太浩湖西南面一英里左右另一个小高山湖。落叶湖是冰川运动形成的，如果当年冰川再朝东推进一英里，落叶湖就会和太浩湖连起来，成为太浩湖的一个湾，就像翡翠湾一样。

可惜不是秋季，不能观赏塔拉克山的遍山红叶。湖边有一条塔拉克山小径（Mount Tallac Trail）即使从6000多英尺的小径起点爬起，也要垂直上升3000多英尺，才能上山顶。据说爬到山顶需要6小时。

沙港（Sand Harbour）每年都会举行莎士比亚音乐节，另外也提供沙滩浴场、游船、野餐露营等设施。

沙港（Sand Harbour）的绿水青山

46. 太浩湖一周游（三）

从翡翠湾旁边的小径下去约一英里，就到了太浩湖边。沿湖南北向有一条 Rubicon 小径，据说有 12 英里。我们只走了 2 英里，就向上爬。湖边有人野餐，有人跳到湖中游泳，还有人坐游轮去湖中游玩。

Rubicon 小径上野花盛开，松柏参天，小桥流水，清澈透明。

翡翠湾北面的湖面

小径上拍翡翠湾

度假村的钓鱼台

湖边酣睡的大雁

一周游并没有尽兴，我们打算再去。

马克.吐温笔下，关于加州的名言："如果你想呼吸天使呼吸的空气，你应该到太浩湖去"（"To breathe the same air as the angels，you must go to Tahoe"）。

2019-6-17

47. 优胜美地国家公园（一）

优胜美地国家公园（英语：Yosemite National Park），是一座美国的国家公园，范围横跨加州中西部图奥勒米县、马里波萨县和马德拉县。公园面积为 761,268 英亩（3,080.74 平方公里），公园范围包括内华达山脉西侧山坡。每年有超过三百七十万名游客造访优胜美地国家公园，大多数是为了优胜美地山谷而来。

优胜美地国家公园在 1984 年被指定为世界遗产，优胜美地国家公园以其壮观的花岗岩悬崖、瀑布、清澈的溪流、巨杉和丰富的生物多样性闻名于世。公园内超过 95%的土地被指定为原生地域（wilderness）。

花崗岩峭壁上有一对攀岩者，引起众人围观。由于峭壁过高，只能用望远镜查看。

48. 优胜美地国家公园（二）

1. 优胜美地瀑布（Yosemite falls），是北美洲落差最大的瀑布，其最壮观的季节在春末，水量充沛，气势惊人。优胜美地瀑布全高为739 公尺（2425 呎），一共可分为三段，瀑布的落差距离排名世界第六，虽然在外观看来仅有上优胜美地瀑布与下优胜美地瀑布两段，但

事实上包括了中间的落差地带，这三段分别是：1.436 米（1,430 英尺）高的上优胜美地瀑布（又称「大优胜美地瀑布」），这一段瀑布独自的高度已可列入全世界 20 个最高瀑布当中，有数条从优胜美地谷地，或是外部山区的登山步道可达此瀑布的顶端或底部，主要的水源来自鹰溪平原（Eagle Creek Meadow）支流：优胜美地溪（Yosemite Creek），多个水道在此汇集，并自峭壁顶端猛烈衝击而下，造成了上优胜美地瀑布。

2.在上下两瀑布之间的落差区，有几个小潭，一般称此区为湍流区（the cataracts）。这一区的高度有 675 呎，差不多是下优胜美地瀑布的两倍高度，因为地理上的外观阻碍，这一块区域不容易全部看到，入口也很难被发现，最佳的观看角度是在往上优胜美地瀑布的步道上自己寻找可见的角度。国家公园对此区亦有特别警告，对喜好攀岩者，此区的风险必须自负，如需搜救行动，因地形难达，所以花费甚多。

3.下优胜美地瀑布（也称小优胜美地瀑布）高有 320 英尺（98 米），有相当容易的步道可达（轮椅亦可），因此往往是游客最多的地方，优胜美地溪到此往默塞德河流去，如同该山区的其他溪流，优胜美地溪在这裡产生了许多激流和乱流，整个地形也相当潮湿与湿滑。

在降雪量比较少的年份，优胜美地瀑布在夏末或秋初就因水量减少而逐渐消失，此时往往有攀岩者趁机挑战从岩面攀登而上，此举在突如其来的午后雷阵雨中，是相当冒险的，瀑布可能突然出现，水量足以将攀岩者衝落。

下优胜美地瀑布可从优胜美地旅馆旁的步道到达，上优胜美地瀑布则需由向阳营地 Sunnyside Campground 的入口进入，此步道相当陡峭、险峻、不少路段亦相当粗糙、容易滑倒，来回行程长度是 6.4 英里（10.3 公里），落差达 2,700 英尺（820 米）。

雪山上的小湖

清澈的溪流

与游客对视的鹿

自由的小鸟不怕游客，飞到野餐桌旁的树上候食。如果你丢食品在桌上，它会飞来啄食。

孤独的大雁在湖边睡觉，你走到它面前，也没有惊醒它。

49. 优胜美地国家公园（三）

2003 年 2 月底，我与妻第一次访问优胜美地国家公园，当时只是走马观花，拍摄了一些照片，并未去爬山，也没有去趟清澈的溪流。不过，当时的照片是用数码相机拍的，有一点水墨画的效果。

今年夏初，我与妻再去优胜美地国家公园，历时两天，我们看了不少景点。妻爬上“下优胜美地瀑布”，来回行程 6.4 英里（10.3 公里），而我只爬了约 1/4。我俩还爬上一些高山，去欣赏湖泊、溪流和巨杉。

前几年，我们夫妻俩人分别花 10 美元，买了美国国家公园的终身游览卡。美哉，优胜美地国家公园，我还会再去。

2019-06-21

50. 七月诗--怀念

怀念一棵老树
根，扎进大地
叶，撑开乌云
即使被雷霆劈断
仍然挺立

怀念一个人
用骨灰书写爱情
在海上把忧伤
化作阴间的地址

怀念一个灵魂
没有远去
海浪一样向你扑来
礁石一样站成宪章

怀念，年年抽出新绿
直到怀念长成树前
我不会忘记
把种子留给人间

2019-7-10

51.　小镇新居

我家去年在利文斯顿小镇买下一座旧房，整修一新后，今年 8 月底，请搬家公司搬入新居。忙乱中，光是书就有三十多箱，其中，《刘晓波纪念文集》还有两百多本，不知何年何月能寄给大陆的作者。估计在小镇能住几年，或再去得克萨斯州。

莫比尔的老家还留着，回去钓鱼时方便。

俗话说：“人挪活树挪死”。我在成都故居居住逾 45 年，却没有挪动的机会，公有制和户口制限制了人们流动的可能。

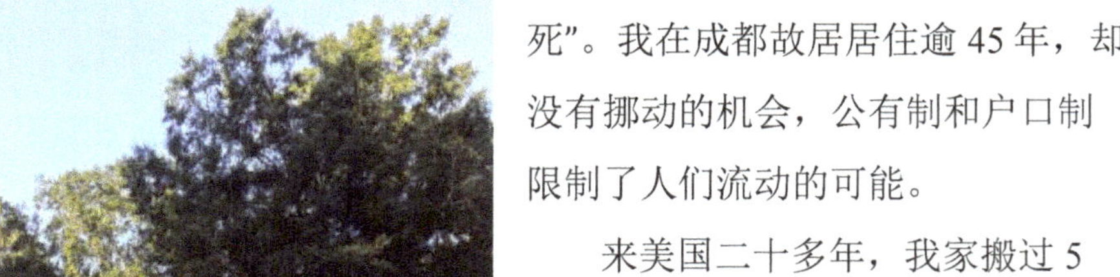

来美国二十多年，我家搬过 5 次。开始，我妻子在西雅图华盛顿大学读书，寄居在一位美国老奶奶家里，那时美国人对中国留学生十分友好，住宿不花钱。后来，每次

搬家都有不同的惊喜，最大的惊喜是从来没有警察来打扰你，反而使我恍若梦中。

新居后面有一个木阳台，是我读书兼晒太阳的好去处。后院的草坪很大，我准备种一些果树和蔬菜。

祖父母日

今天是利文斯顿《西阿拉巴马大学特设小学》的“祖父母日”。上午，我与妻子去参加小学的聚会，没有想到，来的祖父母超过百人。

校长和老师都彬彬有礼，还带我们去参观学前班。该校的学前班

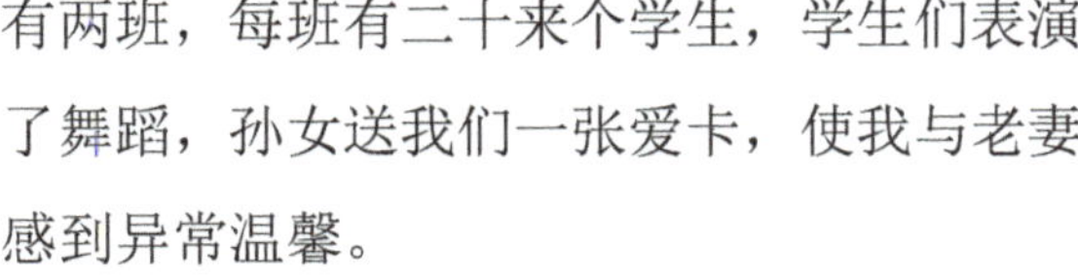

有两班，每班有二十来个学生，学生们表演了舞蹈，孙女送我们一张爱卡，使我与老妻感到异常温馨。

我家后院的一小片树林

由于我与我儿子相邻而居，所以，后院连在一起。这里，树木茂盛，有不少百年以上的大树。主要是橡树、柏树和松树，也有一些果树。

树林长约百米，宽约 40 米，使空气清新，鸟语唧唧啾啾，宜人居住。回想起故乡的高楼鸽笼居，不禁唏嘘。

清晨的草场

户外散步

搬家后没有再去健身房，改成每天早上或黄昏的户外散步。或去大学的步行道漫步，或去农场观赏草场落日。

通向农场的是碎石路，路边有多株百年以上的橡树，农场的住房与小镇的住房没有明显的区别，在阳光下温馨而宁静。

黄昏时出去散步，见到附近农场的一匹白马和一匹赤兔马在悠闲地啃草。完全不理会我去拍照。

起飞的鸽群

卷草机

悠闲的奶牛

9/18/2019

52. 我的白鹭结

白鹭孤飞烟水茫茫

故园萧萧立尽残阳

成都人素有白鹭情结，唐代杜甫逃难到成都时，诗云：

两个黄鹂鸣翠柳，
一行白鹭上青天。
窗含西岭千秋雪，
门泊东吴万里船。

我在成都时，常在锦江之滨、杜甫草堂、昭觉寺等地见到成群的白鹭。而今，白鹭孤飞，恍若隔世，故园萧萧，立尽残阳。

草堂人日

苇草苍苍天涯何归
人非草木孰不奋飞

清代四川学政何绍基为杜甫草堂撰写一副对联：

"锦水春风公占却，草堂人日我归来"。

苇草苍苍，烟水茫茫。我常感到，自己像芦湖中的一只白鹭，在烟水茫茫间盘旋低飞。

穿过岁月的尘埃，到达落日的尽头。回归草堂的怀抱，直到黑夜消失。

2019-12-18

53. 2019 年度"刘晓波写作勇气奖"提名信

注：王怡已获得独立中文笔会《2019 年度"刘晓波写作勇气奖"》。

被提名人姓名：王怡

王怡简介：

王怡（1973 年 6 月——）出生于四川三台。基督徒，笔名"王书亚"，诗人、青年学者、自由撰稿人、零八宪章首批签署人之一。

曾任职务：宪政论衡网站主编，独立中文笔会理事，成都大学讲师，北京九鼎公共事务研究所研究员，中国家庭教会成都秋雨之福教会的长老和牧师，在自由主义与中国宪政转型方面研究、写作。

王怡曾先后主持天涯论坛中的关天茶舍、世纪沙龙、宪政论衡、燕南学术沙龙等几个在中文网络有影响的思想论坛，在《书屋》、《东方》、《读书》、《南方周末》、《21 世纪经济报道》等媒体发表多篇论文及开设专栏，被北大法律信息网、世纪中国等各学术网站收入学者文集，2004 年被《南方人物周刊》列为《影响中国的公共知识分子五十人》名单之一。

提名理由：

2018 年 12 月 9 日，世界人权日前夜，当今中国最有影响力的家庭教会之一，秋雨之福圣约教会，被警方夜袭并取缔，一百多名信徒被抓走，由大伙集资购买的礼拜堂、神学院等教堂资产被查封，旋即被非法强占。而这个教会的创办人王怡、蒋蓉夫妇双双被指控犯有“煽动颠覆国家政权罪”。

王怡被捕并被政府强制失踪至今，至 2019 年 7 月，据中国“民生观察网”透露，上周三，王怡的辩护人张培鸿律师到成都看守所，要求会见王怡，但值班人员以查无此人不让会见。张培鸿律师随后前往成都市检察院，与负责该案的检察官交涉。张培鸿从检察院得知，王怡案已经侦查终结，侦查材料已经移送检察院。王怡涉嫌两项罪名，包括煽动颠覆国家政权罪和非法经营罪。

蔡咏梅说：“在我见过的人当中，王怡大概是最勇敢无畏的人。他被控煽动颠覆国家政权罪。因这条因言之罪的罪名中共判刑很重，刘晓波当年判刑 11 年，而且未能活着走出监狱。所以这个罪名令人很为王怡夫妇担心，但从王怡被捕前的声明来看，他显然有心理准备，是甘心背负十字架，为言论自由和宗教自由而接受牢狱之灾。”

极权专制统治人民一个最重要的手段就是制造恐惧。抵抗强权就是要克服我们内心的恐惧。而王怡就是一个克服了恐惧的人。王怡被捕 48 小时后，教会公布了王怡一份信仰抗命声明。他在声明中说：‘无论这个政权对我加以怎样的罪名，泼以怎样的脏水，只要这罪名指向我的信仰、写作、言论和传教行为，那不过都是魔鬼的谎言和试探。我将一概予以否认，服刑而不服法，伏法而不认罪。使我妻离子散，使我身败名裂，使我家破人亡，这些掌权者都可以做到。然而，使我放弃信仰，使我改变生命，使我从死里复活，这些世上却无人能做到。’”

王怡当时在中国是才华横溢，名满天下的青年宪政主义学者。读他的文章，没有人不佩服。据说中国自由主义知识分子李慎之读了他的文章后非常欣赏，立即要朋友介绍认识王怡。”

王怡 2005 年参加在斯洛文尼亚举行的国际笔会年会所作的大会发言《我们不是作家是人质》，开放杂志老总金钟读后，不停赞叹是‘大手笔之作’，然后在杂志上全文刊载。”

2013 年独立中文笔会在香港城市大学举行颁奖礼，恰好他在香港参加教会活动，因此也参加了我们的讨论会。见到他，我半开玩笑地说，他信基督教后，基督教多了有力的声音，但有关中国宪政方面的讨论少了一只健笔，我们不信教的人非常怀念过去的王怡。对我这番略显冒犯的话，他听了也只是温和地笑一笑。”

因此王怡的无所畏惧，并不是他要逞什么匹夫之勇，或表现什么英雄主义。而是源于他内心精神的强大，是他对极权专制主义的极度鄙视和他对自由主义精神原则绝不打折扣的坚持。因此他的教会无论受到多大的高压，他个人面临什么样的牢狱之灾，他都拒绝与强权妥协，要坚持他百分之一百的信仰自由和言论自由。为此他愿意承受任何代价。”

2018 年 10 月 28 日，他布道说：“这个国家正在发起一场对灵魂的战争，虽然这场战争的排名并不是最靠前，但这是最重要的一场战争。因为在新疆，在西藏，在上海，在北京，在成都，这个国家的统治者都在发起这场战争，但他们却为自己树立了一个永远不可能被关押，永远不可能被毁灭，永远不可能被降服、被征服的敌人，这就是人的灵魂……所以他们注定要失去这场战争，注定要失败……”

接着，他提到灵性生活，提到没有灵性的生活是如此没有尊严。他强调：“正因为灵性的生活是人类生活的本质，正因为基督信仰是我们最不能失去的、宝贵的、甚至是我们这些罪人唯一拥有的财富，所以当这个国家要来夺走我们的唯一财富之际，求主让圣灵充满我们，阿门。求主让我们不但如此，还让我们用我们的受逼迫，向中国社会传达一个受逼迫的福音。让他们来拷问自己的灵魂价值几何？来拷问他们的可怜的、卑污的生活，在这样一个专制的、金钱的、绝对权力的统治下，尊严、体面、自由到底在那里？要么在耶稣基督里，要么根本没有尊严......"

王怡要坚持他百分之一百的信仰自由和言论自由。是以和平的方式，坚持在信仰上的抗命者。是坚持在中国大陆进行自由写作的作家。

附王怡的两篇文章：

王怡：我们不是作家，是人质
——在71届国际笔会年会上的发言

尊敬的主席、来自各国笔会的女士、先生们：

下午好。

感谢大会给我这个机会，让我用我和我同胞的语言——中文，作这个特别发言。这是1989年"六四屠杀"之后，来自中国大陆的作家，16年来第一次重新回到国际笔会。16年来第一次，在来自全世界的写作者跟前，试图表达一个独立或争取独立的、一个自由或渴望自由的中国大陆作家群体，16年来在政治高压下坚持自由写作的声音。

但我来到这里，不是因为鲜血已经淡去，不是因为政府已经在个人的语言、自由和尊严前面顺服。不是像法国总统希拉克先生声称的那样，"六四"已经成为历史。不是。我来到这里，没有橄榄枝。更不表示一个自由作家、一个独立知识分子与他政府之间的和解。

我来到布勒格，代表独立中文作家笔会会长刘晓波先生，向大会表达敬意。尤其对国际笔会"狱中作家委员会"长期关注、救援我们被羁押的会员，及其他被羁押的中国大陆作家、记者和知识分子表达诚挚的敬意和感谢。

我是为他们而来。为一部分被当局打入另册的、在政治压迫和特务统治的恐惧中坚持写作与表达自由的中国知识分子而来。为至今不被允许发表任何一篇文字、也不被允许出国的刘晓波先生而来。我也为自己而来。在一个屠杀之后的年代，在一个强迫沉默、遗忘真相的，一个受苦不许记录，杀子不准母亲哭的年代，漫长的 16 年。我们之所以提起笔，不是记录福音，而是写下哀歌。

我们没有足够的勇气和信念，为启蒙写作。我们甚至也没有足够的左拉式的愤怒，完成对政治专制和思想撒旦的控诉。但我们至少拒绝了犬儒。我们至少抵抗着知识分子的虚无感。我们为什么而写作？我们首先为各自的尊严写作。在一个全球化的当代，请诸位看，这是一群多么卑微的写作者。他们在接近人类最低的那个起点上开始写作。这个起点就是一个被损害者的尊严。就是活得像一个人，一个自由人。在我的国家，所谓作家，不过就是有能力通过文字、通过写作使自己活得不像狗的人。

我的一位朋友，从 1979 年开始主编一份民间文学刊物《野草》，直到 2004 年因某期杂志被抄家。他在接受国外文学研究者采访时，拒绝透露刊物同仁们的真实姓名。他谈到一个“以笔名行世”的概念。数十年来，他以笔名和朋友和世人相交。他的真名在肉身的世界中反而不显。他的真名，几乎只留在政府颁发的各种证件、各种隐密的档案中，只留在那些被专制权力辖制的领域。换句话说，当他以真名出现的时候，他不是作家，他只是一个人质。他的笔也不是笔，而是一副镣铐。

笔名是什么，笔名就是自我的命名。除了躲避政治危险之外，笔名是卑微者抵抗肉身世界中的屈辱，使自己活在另一个国度的护照。

在一个不允许自由写作的制度下，笔名是他唯一与灵魂同在的名字。对我来说，写作使我的真实姓名成为另一个名字，一个符号相同但价值迥异的笔名，一个不被我的政府压迫的、属灵的名字。对我这位朋友来说，他选择以另一个名字行在世上，意味着他至少有一部分是高贵的，是未曾屈服在政治权力的压制下的，是不由这个世界统治的。

就这一部分而言，我和他同在，我们也和你们同在。我们与你们的相似，胜过了我们与我们的统治者的相似。这也是我来到布勒格的原因。我来到这里，为了那些和我一样的写作者寻求理解、帮助和见证。我来到这里，为了捍卫、表达和赞美我们生命中相似的那一部分。那一部分使我们成为作家。使我们在精神上而不是在肉身上归属于另一个共同体。在我眼里，这个共同体的价值，高于我身处的那个政治共同体。就像上帝之城，高于任何人间的政权。

不错，写作，对我和我的朋友们来说，就是一个人质拯救计划。写作，就等于尊严，等于自由。甚至，几乎就等于信仰本身。但我们不能自己拯救自己。即使在专制者面前，我们拥有如此骄傲的道义上的勇敢和正义。16年了，56年了，两千年了，我们自己也不能拯救自己。我们的拯救，最终依靠那个更高的共同体，依靠我们和你们之间称为作家、称为知识分子、称为自由个体的，那个共同的部分。在我看来，这一部分意味着一种普世的价值。意味着自由和想象力的根源。我个人把这一根源称之为上帝。

但我来到欧洲，来到布勒格，发现我来到的似乎是另一个世界。我来到的的确是另一个世界。一个普遍价值被消解、世俗国家却被抬高，学院鼎盛但知识分子却开始消亡、疲软和失语的世界。在我有限的阅读中，我看到自由世界充满了各种零乱的、婴儿式的、撒娇的写作立场。知识分子失去了抵御政治的力量，写作就在本质上沦为一种消费。写作中的尊严就不过是一种精神世界的日用品。写作中的批判就不过是灵魂上的维他命。当年曾参与声援"雷德福斯案件"的法国哲学家朱利安•班达，在他的《知识分子的背叛》中，描述了20世纪以来知识分子的各种"现实主义激情"，这种激情使知识分子们依附在民族国家的话语下，从而背叛了知识分子的理想。

在我看来，这样的背叛一直在持续。今天，从萨义德到昆德拉。各种貌似后现代的、声称拒绝政治的、所谓纯粹的、当下的、睿智的、或非普遍的写作与理论姿态，不过是对自己无力感的辩解，这些辩解对那些身在专制国家的、活在中世纪的写作者是一种残忍和遗忘。对普遍价值的拒绝，造成一种貌似独立的姿态，其实不过使作家们更深的依附在了民族国家的权力话语之下。以往，作家对政治的批判出自一种内在的骄傲。现在，骄傲常常却被撒娇替代。

因而，我们看到这样的局面。一些民主国家的政府正逐渐放弃基于自由价值而对专制政权的批判。它们为世俗的利益放弃了那些被专制政府关押在牢里的作家、记者、异议分子和演说家。到了2005年，中国的诗人、作家师涛先生，竟还因为披露中共禁止纪念六四的消息而被判刑10年。但某些政治家们为了恢复向中国政府销售武器，却说"六四"不过是已经终结的历史。到了2005年，北京一位虔诚的基督徒蔡卓华先生，竟还因为印刷《圣经》而遭到审判。但某些政治家却不吝称赞中国的人权进步，并把联合国人权奖颁给独裁者的儿子。

令人可悲的是，西方世界的知识分子蜷缩在民族国家的共同体之下，面对庸俗的政治立场显得如此无力。甚至比那些愿意在写作中寻找自由的中国大陆作家们更加无力。因为非普遍的立场必造成普遍的疲软。百分之百的放弃普世价值的判断，不过就等于百分之百的拥抱民族国家的政治话语，百分之百的迎合政客的短见。以及——这一点最令我心痛和不可接受，就等于百分之百的否定全世界作家们拥有的那一共同的部分。

写作，写作。写作还是斯洛文尼亚作家齐泽克先生笔下的“崇高的客体”吗？写作还与我们的灵魂有关吗？还与我们的肉身在政治共同体下遭遇的生存境况有关吗？基督教大公教会的信条里曾说，我们相信“圣徒相通”。因为圣徒们拥有相同的价值的来源、属灵的来源。我们不是圣徒，我们是远比圣徒更卑微的。因为中国的先哲说，得道的人不说话，没得道的人才喋喋不休。可我们今天之所以一同坐在这间大厅里，因为我们依据一个共同的命名——作家，我们拥有共同的见证自由的方式——我们的笔。

但我怀疑，今天自由世界的作家和知识分子们，是否还相信在我们共同的命名中，有一个与我们每个人休戚相关的部分，一个比任何共和国都更高尚的部分。是否相信在某种意义上，你们与一位狱中的中国大陆作家属于同一国度。与最近被判 10 年监禁的师涛先生，从去年 10 月被关押至今的赵岩先生，最近被逮捕的陆建华先生，以及张林先生，黄金秋先生，以及据独立中文作家笔会的不完全统计、目前仍被羁押的 50 余名因言获罪的中国作家和记者，属于同一国度。而不是和你们的政府、我们的政府，和这地上的任何一个政府属于同一国度？

你们的回答，决定着我对某种普遍立场的不时尚的呼求，在这个大会上到底有没有意义。来自中国大陆的写作者，那些为着中世纪一般的自由所受的磨难，包括他们的屈辱和尊严，在诸位眼里有没有除了磨难之外的意义？

我也是在这样的意义上，来看待中国大陆作家的状况和西方知识分子的关系，以及看待国际笔会的宗旨和作为。我们信奉那些在人类的写作中得以彰显和保守的基本价值，我们也面对一个全球化的现实语境。这两点使我将中国大陆作家的受迫害，不是看作一个仅仅中国的或亚洲的景观。也不是看作共产党国家与自由世界、或东方与西方之间的景观。我把它看作一个全球化的、一个与欧洲、与这世界上每一个作家都有牵连的景观。

我常在想，对一个知识分子来说，全球化的标志是什么？100 多年前，法国作家左拉在“雷德福斯案件”中写下《我控诉》一文，几乎标志着一个当代知识分子传统的诞生。今天，一个中国作家在 16 年后来到这里。不是为了宣讲苦难，宣讲自己的苦难。当我提及师涛先生的案件，我最想说的，不是渴望国际笔会和诸位的救援。我最渴望的，是什么时候才能出现一个全球化时代的“雷德福斯案件”？

我想，这才是全球化时代之于作家的期待。我最想说的，是中国以及其他一些国家的写作者们，同样身在这个世界。当他们受迫害的景观被嵌入到一个全球化的景观，其实世界并没有发生想象中那么大的变化。在这一被嵌入的全球化景观中，野蛮和专制的罪恶、国家权力的猖狂所占的份量，远远超过了当初班达和左拉们身处的法国社会。

我想，在这样一种景观中，每个中国作家所受到的迫害，都将使缪斯蒙羞，使这世上的每一支笔蒙羞，甚至也使一个地球遥远角落的知识分子丧失写作的尊严。但这样一种景观也有助于让我们回到价值分歧的起点。为作家们赢得唯一的机会，呼唤知识分子丧失的力量，将某种普遍和高贵的价值重新擦亮。

基于这样一种信心，独立中文笔会呼吁国际笔会在各国世俗政权面前表现出更大的批判勇气，在帮助专制国家的写作者获得自由和尊严方面发挥更大的影响。我们呼吁国际笔会有更积极的、更多元的捍卫写作自由的考虑。这种捍卫并不限于“狱中作家委员会”的工作，而是早在一个作家踏入监狱之前便开始。这种捍卫也不限于单纯的写作，而且指向与写作相关的思想与信仰的自由，表达和出版的自由。因为在那些国家，监狱是缺乏上述自由导致的一种常态，而不是一种意外。监狱只是写作不自由的一部分。并容我以一种傲慢的口气说，那甚至不是最令人绝望的部分。

我们也呼吁一种左拉式的知识分子传统在全球化时代的复兴，呼吁全世界一切有良知的作家，热爱你们同行的自由，就像热爱自由本身。

几年来，中国对写作自由的压迫，在某些方面甚至超过了纳粹时代。中国政府在互联网络上设置了数千的关键词，对公民的写作及表达自由进行瓦解和过滤。中国的新闻出版部门对出版物实行最严格的事先审查，和最严格的配额限制。今年以来甚至史无前例的在一些出版社实行“出版实名制”试点。要求作者提供身份证复印件，禁止使用任何笔名和化名。这是对“以笔名行世”这一捍卫尊严的最后方式的摧毁。共产党的宣传部门甚至在每天清晨给媒体下达禁止报道的新闻清单。他们在历史教科书中篡改历史，隐瞒真相，欺骗孩子。却用严格的出版审查制度、意识形态化的学术体制和赤裸裸的政治威胁，来对付那些敢于挑战谎言、伸张真相的作者。越来越多的作家、记者、异议人士，也在“煽动颠覆国家政权罪”、“泄露国家机密罪”等罪名下被频频构陷。

几年来，独立中文笔会在中国大陆艰难的存在。我们不反对中国政府，我们只是坚持用自己的嘴和笔，去捍卫写作和言论自由。并相信这种捍卫最终有助于改变这个政府。在今天，中国的改革模式带来了长期的经济繁荣，但政府的专权和思想的压迫也使这种模式就快走到尽头。

几年来，我们尽力声援那些被羁押的作家，也得到了各国笔会和国际社会的一些声援，但作用仍然微乎其微。最近一年以来，几乎每个月都有我们的会员遭到拘留、逮捕、传讯或监控。其中也包括会长刘晓波先生和理事余杰先生。在这样的写作命运下，你怎能把自己当成作家，你只能把自己当作一个人质。

我在这里，缺少时间，也缺少勇气，去一一讲述发生在中国自由作家身上的案例。但容许我用不卑不亢的语气说，在中国，每天都有一个雷德福斯，在呼唤全球化时代的左拉，呼唤全球化时代的索尔仁尼琴和哈维尔。

他们呼唤的，不但是自己的任何一个同胞，也是全世界任何一个被称之为作家的自由人。

我来到布勒格，希望作为一个作家。其实还是一个人质。但我并没有来到另一个世界。我来到这里的原因之一，是我相信我们身在同一个世界。那是一个什么样的世界，国度、荣耀和权柄，都属于那个更高贵的、使我们在写作中不枉此生的精神。

谢谢诸位。

2005-6-15

——转自《独立中文作家笔会》

王怡牧师重巡古道 2018 年 10 月 14 日

面对逼迫，我会怎么做

作者: 王怡

面对逼迫，我会怎么做？我在基督面前祈祷立志，并经过深思熟虑后，决定当掌权者越过上帝所赐的世俗权力的边界，攻击和僭取属于上帝和教会的属灵事务时，将以和平的方式，坚持在信仰上的抗命。

下面是一些具体打算。作为家庭教会和长老会的一位牧师，这些做法都基于我的"保守的福音派"的立场及"加尔文主义"的神学。这并不意味着一个忠诚的和归正的传道人或基督徒，都必须如此行。因为处境和负担不同，在这场属灵的争战中，上帝会赐给忠贞的儿女们不同的责任和做法。

这也不意味我的信心已坚固到一个地步，可以在各种威胁、构陷和暴力面前，完全坚持这些立场和做法。我祈求基督的死常在我身上，以至于基督复活的能力，能随时遮蔽我。我完全知道和承认自己是一个不堪重用的罪人，惟愿基督的主权恩典在逼迫中不丢弃我，惟愿主的灵始终与我同在，使我在被采取强制措施后的孤立状态中，能以极大的忍耐和盼望持定这些立场，或者直到见主荣面，或者直到靠主得胜，重返教会讲台。

我的这些立场和打算，得到了与我同工的秋雨圣约教会众长老的认同。对那些持有与我类似的立场和负担的肢体，也可以为他们提供一个参考和采纳的案例。

第一、不停止聚会。在任何情况下，不停止公共聚会，尤其是不停止、不放弃信众的主日崇拜。因为神的主权高于任何世俗政权，教会的使命和《圣经》对不可停止聚会的教导，也高于任何世俗法律。无论宗教局和警方针对主日崇拜采取任何行政强制措施，也无论他们的执法是否遵循正当程序，我都将以和平的方式予以抗命，不配合警方取缔、关闭、解散、查封基督教会及其聚会的任何处罚决定，不停止举行、召集、主持和参与教会的公共敬拜，直至警方以暴力控制我的人身自由。

第二、不配合。即便警方诉诸暴力，我仍将以和平的方式予以抗命，不使用上帝赐给我的一丝力气来配合警方攻击教会和礼拜的行为。在主日之外的其他日子，当警方依正当程序执行公务时，我将在身体上予以顺服和配合，尊敬上帝赋予他们的权威；当警方不依正当程序而非法执法时，我仍然将在身体上以非暴力的方式拒绝配合，直至警方以暴力控制我的人身自由，而我也将不使用上帝赐给我的一丝力气来配合警方的非法行为。

第三、不服从、不接受、不服从政府部门对教会及其聚会的取缔、查封、解散等决定，不服从警方在逼迫和取缔教会的现场对我发出的任何指令。因为上帝没有赐给政府这样的权力。在教会和家庭拥有物权的场所，有封条则撕掉封条，有锁链则断开锁链，除非警方以暴力控制我的人身自由，否则不能使我停止以和平的方式召集、主持和参加教会的公共聚会。

第四、不签字。不在宗教局的任何行政决定的送达文书上签字，不在其他政府部门配合宗教局迫害教会的任何送达文书上签字。同样，也不在任何因信仰和教会的缘故而被询问和讯问的警方笔录或其他文书上签字。

第五，零口供。除分享福音外，不接受、不回答宗教局对教会和信仰问题的行政调查的任何问题；除提供个人信息和分享福音外，不回答警方因信仰和教会的缘故对我进行询问或讯问的任何问题，不为行政和司法部门提供任何一份可能为信仰和教会定罪的书证，除非警方以严酷的刑讯逼供，摧毁我的健康和心志。

第六、要求阅读《圣经》。从被采取强制措施之日起，我将在询问和讯问过程之外的休息时间，要求获得和阅读《圣经》的自由。在不能获得和被禁止阅读《圣经》时，我将以和平的方式拒绝服从一切行政措施，并不配合警方在询问和讯问中的任何命令，直到获得《圣经》或警方以残酷的刑讯摧毁我的健康和心志为止。

第七、不认罪。无论在询问、讯问和审判中，不承认任何因信仰和教会的缘故而加诸在我身上的任何罪名，无论是煽动颠覆国家政权罪、寻衅滋事罪、非法经营罪、扰乱社会秩序罪、以邪教破坏法律实施罪这些常见的逼迫和构陷教会的罪名，或任何其他罪名。不认罪、不悔改，不寻求、不同意免于起诉、缓刑、监外执行、假释、取保候审、监视居住等任何建立在有罪认定基础上的被释放的方式。一旦我被刑事拘留，要么直至判我坐牢并执行完毕，要么将我无罪释放，绝不为第三种中间状况留有妥协和交易的地步，除非警方以残酷的刑讯摧毁我的健康和心志。

第八、不服从思想改造。所谓劳改，是前苏联、朝鲜和中国等共产党国家对入狱的犯人，通过强制劳动和政治学习进行"思想改造"的一种方式。作为基督徒，我将在身体上服从任何不公义的判决，也顺服狱方的纪律看管。但我可以坐牢，却不可以被改造。我既不认罪和不悔改，我的良心将禁止我顺服建立在认罪基础上的一切关乎良心和信仰的改造措施，如强制参加政治学习或收看电视节目、强制参加升国旗仪式、强制写作思想报告、强制唱红歌或喊口号等。我将以和平的方式不服从上述改造措施，并预备自己承受任何代价，除非狱方以残酷的暴力摧毁我的健康和心志。

第九、不缴纳罚款或罚金。无论是在行政处罚或司法措施下，绝不因信仰和教会的缘故，缴纳一分钱的罚款、罚金或保证金。因为政府无权对教会的信仰处以罚款。

第十、不接受剥夺政治权利的附加刑。所谓政治权利主要包括选举及被选举权、及担任公职的权利等。作为本国公民，我无这些虚假的权利可言；作为神的仆人，我也毫不在乎它的得到或失去。然而，所谓政治权利也包括了言论、集会、出版等涉及信仰、良心和教会的自由，正如《威斯敏斯特信条》第20章第2条所言，“唯独上帝是良心的主宰”。政府无权剥夺上帝赋予人类的良心与信仰表达的自由，因此我不接受所谓“剥夺政治权利”的附加刑，只要我恢复人身自由，就将竭力传讲福音、牧养或建立教会、撰写并出版文章，践行主基督所赋予的大使命，直至再次失去自由为止。

第十一、坚持传福音。无论在派出所、看守所、监狱或其他任何被羁押的场所，只要我有机会与人接触，就会分享福音。因为世俗政权和法律，无权剥夺任何人听到福音的机会，也无权剥夺一位牧师向任何人传讲福音的自由。因为唯有基督的福音，才能真正对一个罪人进行“改造”。我将在被羁押中尽力践行这一福音使命，除非警方以残酷的暴力摧毁我的健康和心志。

第十二、不接受官方指派的律师。只有我本人或我妻子所委托的律师，才能代理我的行政或刑事案件。在任何情况下，我不会接受官方指派的律师。

第十三、不上电视，不与官媒接触。只要尚未恢复人身自由、尚未与家人和弟兄姊妹相见，我将不接受狱方、官媒及任何国内媒体安排的采访和拍摄，不在警方控制之下录制任何视频，也不在询问室或讯问室之外的任何场所录制视频，以避免被扭曲和剪辑为“电视认罪”。除非警方以残酷的暴力摧毁了我的健康和心志。

第十四、要求公开审理。在我因信仰和教会的缘故被起诉后，将要求法院公开审理我的案子。如果法院不按正当程序，不举行公开审理，不允许我的妻子、家人、弟兄姊妹、朋友及媒体出席并旁听，我将在行为上不服从这样的开庭。因为秘密审判的法庭，不再是《圣经》要求我顺服的法庭。我将拒绝出庭，拒绝配合法官的任何指令；

除传讲福音外，我将以零发言、零答辩来回应一切对教会和信仰的非法审判。

求主基督使我敬畏祂到一个地步，而不惧怕任何不敬畏祂的权势。求主在一切关乎良心、信仰和教会的事上，赐给我和平的反抗、积极的忍耐和充满喜乐的不服从；而在一切关乎肉身和外在的权益损害上，赐给我忍耐和沉默的力量。求主除去我在这一过程中可能被激发的血气和怨恨，也怜悯和扶助我在孤立状态下随时的软弱。求主帮助我，从被羁押之日起，天天为与我案子有关的大小掌权者，及警察、国保、检察院、法院或其他部门的公务员祷告。求主在他们中间拣选悔改信主的儿女，也可怜他们卑微的灵魂。求主在这一过程中，至少领他们一人归主，使我的心得着极大的喜乐和安慰。

也求主基督使我在被羁押的期间，卸下一切对妻子、家人和教会的负担和挂虑，也将一切置之度外，全然向主交托，单单向主尽忠，专心践行这十四条立志，作为对家人的思念和服侍，对会众的牧养和教导，及对上帝国度所尽的责任。

【转载推特】

被提名人主要著作；

《秋天的乌托邦》

《正义的柠檬》

《美的惊动了中央》

《载满鹅的火车》 2002年湖南美术

《不服从的江湖》 2003年8月上海三联

《宪政主义：观念与制度的转捩》 2006年6月山东人民

《天堂沉默了半小时》

《自由的崛起》

《我有平安如江河》

王怡的麦克风（福音版）

https://web.archive.org/web/20070208070210/http://www.artblog.cn/blog.asp?name=joshuawang

王怡文集

https://web.archive.org/web/20051214164127/http://art.westcn.com/wlws/jmww/wangyi/index.htm

提名人姓名、团体和联系方式：

蔡楚（执笔）、蔡咏梅、齐家贞、赵达功、胡平、杜导斌、睿文（排名不分先后）

2019-7-26

54.　致湖北友人

自从瘟疫封城后
好天气也失去预报
完美无缺终于被切割成碎片
淡泊的心绪狂乱如麻

畅通无阻的隔绝是不是命运
你的目光中已失去四季
尤其不再期盼飞翔的纸筝
会降落一个平安

风，应该来了
对着阳光写下一个“人”字
自己酿造千万个春夏秋冬
你呼风而泣

2020-1-26

55. 惊闻野草老友苟乐加 29 日中午病逝

惊闻野草老友苟乐加 29 日中午病逝。值此非常时期，仅致以沉痛哀悼。望乐加家人节哀顺变。

苟乐加：男，1944 年生，专业油画家。成都市摄影家协会美术分会秘书长。

1959 年，15 岁的苟乐加，因说“美国的科技发达”，及唱《莫斯科郊外的晚上》而蒙冤入狱。文革中历尽辛酸。其作品有油画《人》等传世。

苟乐加有一段不平凡的经历：他的父亲苟怀谦曾是国民政府要员，被当作“战犯”与中国最后一位皇帝傅仪一起，被关押在东北抚顺战犯管理所，1974 年病逝于狱中。他自己则因父亲的政治问题，一生极其坎坷。不到 6 岁便被作为孤儿抱养给贫困山区农民，后来被转送进孤儿院。15 岁在成都假肢工厂当童工，因收听“苏修”的音乐被人揭

油画《人》

发，被打成“现行反革命分子”入狱。当时他 15 岁，不够法定逮捕年龄，上级便将他的年龄改成 18 岁，投入四川 216 号信箱（劳改单位）劳动改造。

苟乐加的油画《宋立本》，是成都地区文化大革命的产物。画家将这具死尸展现给观众，让现实中发生的恐怖、暴力、死亡再现，足够人们去反思。后来，乐加将《宋立本》这幅油画改名为《人》，其意义更不一般。文革后虽然有很多文学作品，其中包括美术作品，都曾以“伤痕文学”的方式，批判过那个时代，但真正深度表现伤痕的作品则不多。乐加用绘画艺术表现沉重的历史题材，油画《人》就是这种深度伤痕作品。

苟乐加还有自传体作品《曲径》传世，可惜未能出版。

老友苟乐加安息！

2020-1-29

56. 鼠年《乞猫》

昨日天阴，见一猫栖于树上。鼠年《乞猫》，驱逐猖狂的官仓鼠辈。

《乞猫》
黄庭坚

秋来鼠辈欺猫死，
窥瓮翻盆搅夜眠。
闻道狸奴将数子，
买鱼穿柳聘衔蝉。

《谢周文之送猫儿》
黄庭坚

养得狸奴立战功，将军细柳有家风。
一箪未厌鱼餐薄，四壁当令鼠穴空。

在利文斯顿小镇，鼠的天敌，黄鼬、野猫、鹰、猫头鹰、蛇等不少。所以，很少看见老鼠。

而在中国，在蒲松龄的笔下，老鼠是善良的。故，民间有鼠妻《阿纤》。然而，"官仓老鼠大如斗"，不驱逐，则民众难以生存。

《乞猫》

文徵明

珍重从君乞小狸，女郎先已办氍毹。
自缘夜榻思高枕，端要山斋护旧书。
遣聘自将盐裹箬，策励莫道食无鱼。
花阴满地春堪戏，正是蚕眠二月余。

2020-2-6

57. 刘晓波纪念文集英文版出版

新书封面

Editor: Joanne Leedom-Ackerman, Yu Zhang, Jie Li and Tienchi Martin-Liao

Title: The Journey of Liu Xiaobo

Date: Sunday, May 10, 2020

Time: 3:00pm

Arrival Time: 2:45pm

Location: Politics and Prose Bookstore, 5015 Connecticut Ave NW, Washington, DC 20008

2020 年 4 月，《刘晓波纪念文集英文版》将由美国波托马克图书出版社出版。

英文版名称：《刘晓波的旅程——从黑马到诺贝尔奖获得者》。

编辑：

Edited by Joanne Leedom Ackerman

with Yu Zhang, Jie Li, and Tienchi Martin Liao

今年 5 月 10 日下午 3 点，将在华盛顿 DC 召开新书发布会，欢迎各位朋友踊跃参与。

新书在亚马逊上可以预先订购，愿意订购的读者，可以点击查看：

https://www.amazon.com/Journey-Liu-Xiaobo-Horse-Laureate/dp/1640122249

2020-2-10

58. 儿时的嚯嗨

漂泊、夕照、枯树
一个春天的黄昏
余光从阳台穿过
触响儿时的嚯嗨

没有门，一丛野樱
从敞开的后院探头
一口老水井的余韵
支矶石长出了翅膀

成都不相信叫魂

风，掠过老槐树

莽打起嚯嗨

我望槐花噻

几时开哟喂

2020/2/25

59. 愚人梦

一片前世修来的残红
沿着轮回的浊流漂动
把它拾起来夹进书页
了却我一生的蝴蝶梦

黄昏在天边捕捉晚霞
新月近窗听几声暮鸦
管它明天有多少怨尤
让它伴随我浪迹天涯

2020-4-1

60. 清明悼亡，向中共追责

全球新冠病毒确诊人数超过 100 万心理大关。美国约翰·霍普金斯大学，4 月 3 日数据显示，全球新冠肺炎死亡人数超过 5.1 万。

清明悼亡，向 5.1 万无辜的亡灵献上素净的小白花。估计死亡人数还会增加。

支持美国参众两院的两项议案，量化疫情对各国造成的损失，并要求中共进行赔偿。

2020-4-4

61.　　疫情中的远程生日派对

我的孙女满六岁了，几周前策划的生日派对，只好谢绝了来客，一家人远程聚会。

孙女昨天就忙着怎样布置会场，以便给我们一个惊喜。

因为在家办生日派对，就取消了套餐，准备了鲜花、礼物和音乐。

我和我在成都的三弟及他的女儿，正好是四月初的生日，就顺理成章的一起同乐了。

孙女送我一个爱心和生日卡。

我给孙女采摘了一束野花。

我妻子给孙女买了一辆自行车。

我与在成都的三弟及他的女儿，互祝生日快乐。

孙女与她的表姐用视频一起欢庆。

在大陆的两个妹妹和小弟，发来生日问候。

雪梦兄、豫良兄及老友熊德雄的女儿在网络上发出祝贺。在此，一并致谢！

春花寂寞红。往日喧闹的球场空无一人。小镇的感染者已有七人。

蔡楚祝各位网友平安快乐！

2020-4-4

62. 我家的玫瑰花开了

近日疫情猖狂，阿拉巴马州已死亡四十多人，小镇所属县内，已有17人感染。截至美国时间4月9日晚，美国累计确诊病例已突破46万5千，死亡人数达1万6千。

但疫情不能阻止春天的脚步，我家的玫瑰花依然盛开，十几株野生的金银花，在后院发出淡淡的幽香。

疫情阻止不了世界的转折。

近几天，当代义和团在推特上非常活跃。除了造谣中伤，修改推特的转发和喜欢数量外，还在我的批"毛"推文后留言，骂我是洋二鬼子、老不死，祝我再活下去，看到中国的伟大复兴，然后吐血而亡。

正告这类宝宝，你利用美国的言论自由，并不能消磨我的意志，我曾多次收到过死亡威胁，今后一律拉黑，不予回复。

2020-4-10

63. UWA 校园的黄昏

昨天下午六点过，我同老妻与孙儿女去 UWA 校园散步。六点

四十分，天空出现火焰般的异彩，使 UWA 的健身房在落日的余晖中更加黝黑。室外网球场的灯光失去光亮，道路隐约可见。

六点五十五分，落日斜照在芦湖上，使芦湖宁静而安详。十几朵野生的沼泽锦葵花（marsh mallow）点缀在湖边，使芦湖十分迷人。湖水在余晖中色彩斑斓，仿佛出现一个童话般的意境。

七点二十分，我们回到家中，才刚刚天黑。

芦湖，一个安详而沉睡的梦。

大自然的美，超越了疫情，长留在人间。

2020-4-11

64. 今日复活节

复活节是纪念耶稣基督在十字架受刑死后复活的节日。

我家的两个自降生就受洗的小信徒，在妈妈的指导下，玩找彩蛋的游戏。

两个小信徒，每周都有几次，跟妈妈去教堂的活动。疫情期，跟妈妈一起，坚持在网络上做礼拜。

复活节的另一象征是小兔子，原因是它具有极强的繁殖能力，人们视它为新生命的创造者。节日中，成年人会形象生动地告诉孩子们复活节彩蛋会孵化成小兔子。许多家庭还会在花园草坪里放些彩蛋，让孩子们玩找彩蛋的游戏。

两个小信徒玩的很认真，他俩在不太明白的信仰中，找到喜悦。

美国的教育，使孩子从小就养成能说不或是的习惯，而不要求孩子绝对服从家长和老师。这样就使孩子渐渐有了独立思考的能力，创造性更强。

而我在大陆时，从小就受“仇恨”和“听话”教育，走了不少弯路。长大后才知道社会和书本的距离，幸福之花是由爱的浇灌而成长，仇恨只能带来战争和毁灭。

2020-4-12

65. 蟾蜍求偶

小镇昨天黄昏下雨。雨后，我在后院阳台上，听到一阵阵较为低沉的鸣叫声，此起彼伏，不肯停歇。仔细一听，不像青蛙的叫声那么高亢，也不像峨眉山弹琴蛙的叫声那么清脆。

于是，今天早上到后院去查看，发觉树丛下有不少小洞，一只蟾蜍迟缓地在移动。

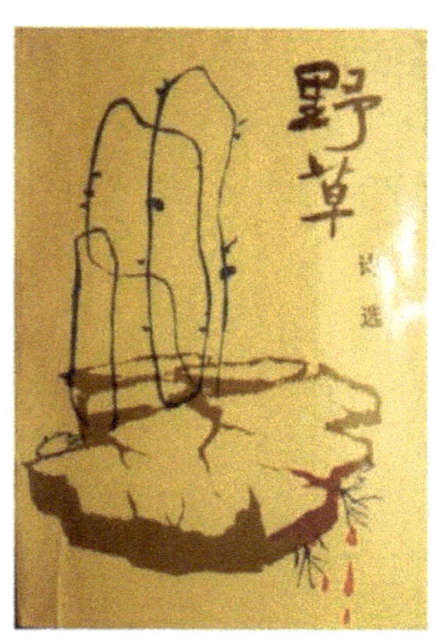

蟾蜍，也叫蛤蟆。四川人叫癞疙宝。

原来是蟾蜍的繁殖期，在春夏的夜晚很容易听到它们一长串快速的“咯咯咯”的叫声。

古代中国神话传说中月宫有一只三条腿的蟾蜍，而后人也把月宫叫蟾宫。古人认为金蟾是吉祥之物，可以吸财镇宅辟邪。道教中三腿的蛤蟆被称为“蟾”，传说它能口吐金钱，是旺财之物。民间便流传“刘海戏金蟾，步步钓金钱”的传说。 中国皇朝的科举制度，把考中进士称为蟾宫折桂。

成都"野草"诗社中，诗友陈墨喜欢鸡鸣和蛙声。他的名句："愿怀念如霜，贴在你的坟头，与鸡声为伴。"和"我的爱有如蛙声：零碎又单调，然而总不愿休止..."。令我印象深刻。

他喜欢自然界的天籁之音，风声、雨声、虫声、鸟声、流水声等。同我一样，喜欢"萤火一星沿岸草，蛙声十里出山泉"的意境和感觉。

上网一查：美国青蛙（Rana grylio），又名沼泽绿牛蛙、猪蛙或猪鸣蛙，是美国东南部的一种青蛙，分布在南卡罗莱纳州至德克萨斯州。美国青蛙差不多完全生活在水中，多出现在湖边及沼泽。它们在夜间活动，每年温暖的季节都会发出像猪的叫声。

本来有的"蛙声十里出山泉"的感觉依然存在。无蛙而蛙声可想矣。

2020-4-13

66. 此心安处是故乡

近期疫情猖狂，然而，此心安处是吾乡。我的家在利文斯顿小镇。

苏轼《定风波·南海归赠王定国侍人寓娘》：

常羡人间琢玉郎，
天应乞与点酥娘。
尽道清歌传皓齿，
风起，雪飞炎海变清凉。
万里归来颜愈少，
微笑，笑时犹带岭梅香。
试问岭南应不好，
却道：此心安处是吾乡。

我与我儿子相邻而居。空气清新，鸟语花香。后院有很多百年以上树龄的橡树、松柏和一些果树。

我家的三个教徒去的礼拜堂。一家祖孙三代和睦相爱，并不因信仰而纠缠不休。

我手植的公孙树已经成活。

湖边的网球场仍然开放，四周的月月红红的刺眼。

远处，湖中的钓鱼台空空荡荡，但官司草长的与小麦一般高。

几个遛狗人，保持着距离。小镇的节奏没有被疫情打乱。

突然想到，东坡先生也有凄婉的“十年生死两茫茫”。

时代毕竟不同，春天的脚步依旧，我选择的小镇使我心安。

两个小天使，是我晚年的依托。

当然，我还会坚持做义工。坚持健身，与赤化的独裁制度竞走。

2020-4-16

67.　　桑中之约

昨天，在 UWA 校园的湿地里发现不少果树，有柿、李、梨、葡萄、山核桃、桑等。

桑葚是桑树的果实，但很多人不把桑树看作果树。

我在成都时，老院子里有一株老桑树，我常爬树去摘紫桑葚吃，后来还养蚕。

成语：”桑中之约“出自《诗经·鄘风·桑中》。“聊斋志异·窦氏”中说：“桑中之约，不可长也。“青年时代因性压抑，我常读《聊斋》中的《荷花三娘子》和《阿纤》、《黄英》、《狐谐》等篇。幻想着桑中之约，以及鼠妻、狐妻和花妻。所以，桑树于我，格外亲切。

湿地里的李子树，是一种樱桃李。李子树在世界其他地区亦有分布。加利福利亚州贡献了美国87%的李总产量。

古人有不少吟咏李子的诗词：

和程给事赠虞道判六首

[宋] 秦观

紫府沉沉掩夜关，竹阴清扫月中坛。
岁星偷得桃枝碧，董奉栽成李子丹。

这里的湿地保护很好，有不少野生动物。昨天，我们看到一个大水龟，估计是上岸觅食或产卵。没有人去伤害它。

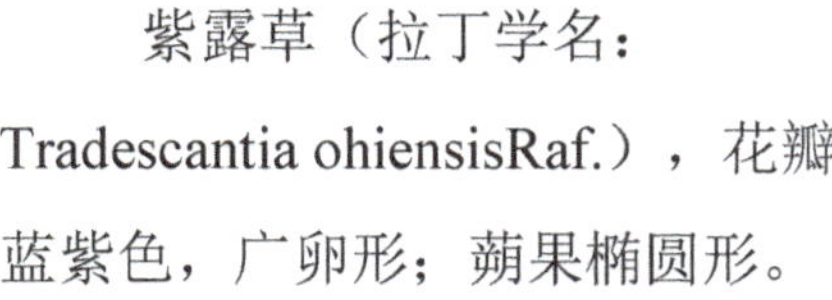

紫露草（拉丁学名：Tradescantia ohiensisRaf.），花瓣蓝紫色，广卵形；蒴果椭圆形。

紫露草原产于美洲热带地区，其花瓣白天开放，夜晚闭合。这几天，在湿地的小径上可以采摘到。

湿地上建有木桥和木长廊，这几天春花灿烂，手留余香；碧空祥云，水波不兴。

欢迎朋友们在疫情过后，来这里作客。利文斯顿小镇欢迎您！

到今晚为止，美国新冠疫情死亡病例为 39015 例。感染新冠病毒的人数为 738000 人。

小镇感染人数为 35 人，无死亡病例。新冠病毒导致巨大损失，（4 月 17 日）美国国会推法案要中国赔偿。

2020-4-18

68. UWA 校园教育中心和小镇图书馆

UWA 校园的湿地与芦湖相连，湖边有间建于 1900 年的房屋。当时，房内住着夫妻俩和 8 个小孩及一位教师。现在，这间空房被装饰成学校的教育中心。如果你感兴趣，可以打电话要求学校派员来讲解。教育中心的房顶是金属的，常在阳光下闪

光。

教育中心旁边有一个小果园，内有一株春桃、两株石榴、三株柿、八株梨、及木瓜、无花果、桑等。

春桃已挂满枝头，石榴已开花，柿刚结子，桑椹开始发紫，梨比我家的梨大些。

大部分是亚洲有的果树，只有一种叫 paw paw（爪子）的北美树，我没有见过。（苹果家族的北美树，有紫色的花朵和长方形黄色果实。）

石榴裙，是唐代年轻女子极为青睐的一种服饰款式。拜倒在石榴裙下"是一句比喻男子对女性崇拜倾倒的俗语。

南乡子·裙带石榴红

[宋] 苏轼

裙带石榴红。却水殷勤解赠侬。应许逐鸡鸡莫怕，相逢。一点灵犀必暗通。何处遇良工。琢刻天真半欲空。愿作龙香双凤拨，轻拢。长在环儿白雪胸。

北美柿子的品种比较多。

有美国棋子柿、亚美杂交柿、磨盘柿、涩柿、黑柿、野柿等。

湖边果园的柿子是美国棋子柿。该柿子为美国品种，属于涩柿，非常容易结果、非常丰产，小树苗即可开花结果。

如果你有兴趣，可以嫁接不同的品种。我曾在密苏里州，尝过一种很甜的小野柿。

这里的桑葚、枇杷、柿子、板栗、山核桃等，都很少有人吃，可以自己去采摘或捡拾。比如，李子树前专门立有英文牌，上书：可食用。

这几天，我们都带着孙女和孙儿去采桑葚。

小镇的公共图书馆和礼拜堂。

美国的公共图书馆和礼拜堂很多，犹如中国的庙宇一样举目可见。

美国的公共图书馆的数量比麦当劳还要多，不管是小孩还是成人，都能够在图书馆里找到你感兴趣的书籍，参加你喜欢的活动。

美国的教堂文化像自己生活的家园，随处都能看见善意的微笑和亲切友好的攀谈。

2020-4-21

69. 荒野之美

大雁午休金鸡独立

荒野之美是一种自然状态，是大自然未受到人类的侵扰，而保持的自然美。它不是远古洪荒时代吞没人类的荒野，而是人类对地球过度开发后，仅存的自然保护区。或是人类在都市的水泥鸽笼中，回归自然的一种向往。它不仅是“星垂平野阔，月涌大江流”还是“飘飘何所似，天地一沙鸥”。

UWA 校园的湿地与芦湖就是一个小小的自然保护区。区内有湖泊、森林、湿地、珍稀濒危动物及植

物，在这里人类的各种活动受到不同程度的限制，以确保区域内的保护对象保持无人为干预的自然发展状况。

这里的晨昏都能看到水禽在湖中嬉戏，在瑰丽的梦幻似的色彩下面，人与自然美融合在一起。

湖边和林中的落叶小径

秋意

濃郁的桂香從窗外陣陣襲來
飛舞的黃葉遂化作片片異彩
無須點滴到天明的雨叮囑
輕敲鍵盤自成虛擬的世界

我到那裡去？又從那裡來？
人生已秋卻弄不明白
問天地，問鬼神，問自己
一池鄉思爬滿青苔
心是秋衣，用蒼茫去剪裁

湖上的木廊桥和湖边的云水林

落叶

陈墨

上帝不会让落叶返枝，正如美才能让......在污浊的激流中的灵魂上岸。

爱美之心，人皆有之。

切望我们把回归自然的一种向往，化为爱护自然的自觉行动。

可惜在当今中国大陆，那些中国古代诗人描写的经典景观，已经不再能重现：

“白日依山尽，黄河入海流。”

“放生鱼鳖逐人来，无主荷花到处开。”

“窗含西岭千秋雪，门泊东吴万里船。”

“两岸猿声啼不住，轻舟已过万重山。”

......

2020-4-24

70. 湿地野花

所谓野花，是指不肯寄生于人类的篱下，而在山野或路旁，生于自然又归于自然的花朵。野花的生命力极强，无论春秋，漫山遍野，花开时灿若云霞。北美野花的品种极多，正是“乱花渐欲迷人眼，浅草才能没马蹄。”

而 UWA 大学湿地的野花，更是“山寺归来闻好语，野花啼鸟亦欣然。”虽然小镇感染的病例已有 46 例，并有一人病逝，但小镇的节奏没有被疫情打乱，这几天到芦湖散步的人逐渐增加，人们都自觉避开碰面，主动地绕道而行。

我喜欢湿地里的野生青梅，是天然的维生素补充果品。中文有两个人们熟知的成语：1、“青梅竹马”——**郎骑竹马来，绕床弄青梅。同居长干里，两小无嫌猜。**—唐·李白。

2、“青梅煮酒”——青梅煮酒斗时新。天气欲残春。东城南陌花下，逢著意中人。—北宋·晏殊。

当然还有喜欢煮酒论英雄的曹孟德，以及一些现代战争狂人。

湿地里也有我难以忘怀的野花和野草，如油苕子花和牛筋草。

油苕子花和野艾蒿、野豌豆花、灰灰菜、茼蒿菜和芭蕉根等，是我在大饥荒时，充饥的美味食品。

一些知名的野花，如：紫露草、野薑花、蒲公英、毛莨，及更多不知名的野花让你目不暇接。

青玉案·姑苏台上乌啼曙

王国维

姑苏台上乌啼曙，剩霸业，今如许。
醉后不堪仍吊古。
月中杨柳，水边楼阁，犹自教歌舞。
野花开遍真娘墓，绝代红颜委朝露。
算是人生赢得处。
千秋诗料，一抔黄土，十里寒蛩语。

千秋霸业，黄粱一梦。共产革命，已成谎言。武汉病毒，更求速亡。

天朝当代的图霸业者，只知把谋略作为智慧来使用，而缺乏现代契约精神。因此，导致天朝始终走不出农耕文明。

有人说：中美之间十年内必有一战。还有人鼓吹："解放"台湾，此其时也。

我看这仍然没有摆脱谋略的桎梏。昭示此类战争狂人：迷途知返，云淡风轻。

湿地里的野花，有的白天开放，夜晚闭合；有的一年一度开后残落；有的反复吐芳，花期超过半年：有的春去冬来，在寒霜中绽放。

我期望在这喧闹的世界上，"微有寒些春雨好，更无寻处野花香。"

让野花和芳草装扮这世界，让美使"污浊的激流中的灵魂上岸"，给地球带来和平和安宁。

2020-4-28

71. 在美国见到传说中的"踏云乌骓"

乌骓马出自于《西汉演义》中霸王项羽的坐骑。据说，乌骓是一匹黑马，唯有四个马蹄子部位白得赛雪。故称："踏云乌骓"。项羽：《垓下歌》力拔山兮气盖世，时不利兮骓不逝。骓不逝兮可奈何，虞兮虞兮奈若何！

"踏云乌骓"莫非转世被我见到？还是一个美丽的传说？

去年秋天，我家迁到利文斯顿小镇，外出散步时，在一个农场见到一匹黑马，酷似乌骓马。小镇盛行赛马，在芦湖边有一家赛马竞技场。

美国有不少赛马或保护马的俱乐部。前年秋天，我在南卡罗来纳州米尔特海滩州立公园，见到一群爱马人，在一碧如洗的蓝天下，骑马在长海滩上散步。他们每年有定期的活动。

二十里中香不断，

青羊宫到浣花溪。

—陆游

偶尔，我会想起童年时骑遛遛马去青羊宫，所以发奇想，去海滩圆骑马梦。这才搞清楚，这是一次海滩上的义捐活动，由美国心脏病协会发起。目的是健身和帮助心脏病人，每个骑马人的马匹都是自养的，不可能租马骑。不少美女参与义捐活动。这些马都比遛遛马高大。

中国史学家称“羽之神勇，千古无二”，“霸王”一词，专指项羽。然而，千古无二的霸王也难免败于垓下，英雄气短自刎而死。

北宋王安石：《叠题乌江亭》：

百战疲劳壮士哀，

中原一败势难回。

江东子弟今虽在，

肯为君王卷土来？

一匹马不能决定胜负，但在时光的草垛上中共正在腐烂。古今好战者必亡于战。

四川童谣：胖娃儿胖嘟嘟，骑马上成都，成都又好耍，胖娃儿骑白马，白马跳得高，胖娃儿耍关刀，关刀耍的圆，胖娃儿坐海船，海船倒个拐，胖娃儿拌下海。

我自幼会颂此童谣，但只感到有趣，并不知道童谣的寓意。后来，在武侯祠看到清人赵藩之联："从古知兵非好战"。

老来体会，玩任何游戏都有结束的时候。

2020-4-29

72. 民间童谣和政治化的儿歌

川西童谣："红萝卜，蜜蜜甜，看到看到要过年，大人吃饱三顿饭，娃娃要拿褂褂钱。"此童谣还有一个版本："红萝卜咪咪甜，看到看到要过年，娃娃想吃肉，老汉（儿）没得钱。"

很显然，第二个版本来自大陆易帜后。记得成都诗友罗鹤写过一首打油诗《当年辞岁》：红白萝卜双下锅，清汤水水蘸馍馍。爆竹声里迎新年，红松烟头一么多。表现了百姓过年的焦虑。

祖坟

记得大饥荒时，黑市上的红萝卜卖一元钱一市斤，而国营蔬菜店里却只能凭证，每人每天购老莲花白叶子半斤。

1954年成都的大米才四分钱一市斤，大膘猪肉不过二角八分一市斤。可见物价的涨幅。

当时，我母亲把家里的细软卖完，就为了买点红萝卜给全家人充饥。

上世纪五十年代初期，我就读于成都市龙江路小学。当时朝鲜战争爆发，音乐老师教我们唱一首儿歌："有个人是大坏蛋，他的名字叫李承晚，坐飞机、丢炸弹，炸死人民千千万。人民叫他赔血汗，赔不起就敲沙罐，第二天、我来看，沙罐敲得稀巴烂。"不久就传遍成都，风靡一时，大街小巷的女同学们跳橡筋绳都在唱。

后来，我读《杜鲁门回忆录》，当读到：“朝鲜人民军在 1950 年 6 月 25 日以反击侵略为由越过三八线大举进攻韩国，打响了朝鲜战争的第一枪”时，我还不敢相信。可见政治化儿歌对我的误导多么深，毒害多么大。

我的老友“翻身农民”杨本富大哥，什邡县人，贫农出身。1951 年参加志愿军，奔赴抗美援朝前线打美国鬼子。按他的说法，当时他家刚翻身分到土地，突然听说美国鬼子要支持蒋介石反攻大陆，夺回他家的土地，就义不容辞地参军上了朝鲜前线。1954 年，志愿军回国时，他在某师当师长的警卫员。1958 年转业时，他家的土地已先后被农村合作社和人民公社“公有化”了。他说，农民视土地为生命，他感到受了欺骗，被利用。

我的音乐老师是无辜的，她不过受当局宣传的毒害，文革中也受到冲击，我的语文老师袁丽华还不幸饮恨自尽。

川西童谣中还有一首流传广泛的《张打铁》：“张打铁，李打铁，打把剪刀送姐姐，姐姐留我歇，我不歇，回家的路上踩根蛇，把我的脚杆咬出血......”

此童谣在多个地区有不同的版本，表现了民间社会的淳朴风情。

2020-5-2

73. 由《月亮月亮光光》童谣想到的提议

川西童谣："月亮月亮光光，麻子地头烧香，烧死麻大姐，气死幺姑娘。幺姑娘不要哭，买个娃娃打鼓鼓，鼓鼓叫唤，买个灯盏，灯盏漏油，买个枕头，枕头开花，结个干妈。干妈脚小，一脚踩到癞疙宝。"

此童谣有多个版本，推特上的老司机 @h5LPyKL7TP6jjop 就提供了另一版本。

中国人有烧香或焚香的文化习俗。一是敬神礼佛，把香点着插在香炉中，表示诚敬祈福。二是祭奠先人，把香点着插在坟前，表示怀念。三是取其清雅而燃香，如焚香舞剑、焚香抚琴或焚香书法、吟诗作画、打坐、饮酒、吹箫等，来达到净心虑性的效果。香的品种很多。如：沉香、檀香、龙脑香、安息香、零陵香、甘松香、乳香等。

前几天，我在推特上提议：【去掉毛泽东纪念堂，建立"中国共产主义受难者纪念碑"】得到不少推友的转发和支持。

今天，我收到王维洛博士发来的稿件，他发出：【建造有所有死者姓名的武肺死难者纪念碑的倡议——高福院士掌管的中国传染病网络直报系统里有所有死者的姓名"】，以缅怀在此次疫情中失去生命的国民。

我认为这是一个好主意。王维洛博士提出："但是有人会问，死于武肺那些死亡者的名单从哪里来？艾晓明、艾未未、谭作人、黄琦等调查汶川大地震的死亡者名单没有成功，其中两个人蒙受牢狱之灾。这次能够成功吗？你愿意承受牢狱之灾吗？"

王维洛博士不仅在拷问每个中国人的良心，还在拷问中国当今的领导者还有良心吗？

月光下的童谣，不仅川西有，这是中国的一个世世代代诚敬祈福，祭奠先人的传承。

王维洛博士说：“1997 年笔者第一次站在越战纪念碑前，看到死者家属用手指轻轻抚摸着大理石上刻着的死者姓名，感慨万千。希特勒统治下的德国就只允许一种声音存在，所以社会充满了谎言，李文亮医生说：健康的社会不应只有一种声音。”

若是中国真的建立了“中国共产主义受难者纪念碑”和“武肺死难者纪念碑”，到那时我会不顾老迈，回到中国。给纪念碑焚香祭酒，再献上一束芦湖的野花。

2020-5-3

74. 关于幺店子的童谣

幺店子为四川方言，即路边小店。店内，既可食又可宿。不要以为路边小店即是："鸡声茅店月，人迹板桥霜。"的茅草店，在四川，即使是大山中的幺店子，也有比较简陋的篾笆屋。

川西童谣："楼上的客，楼下的客，听我幺师办交涉：要屙屎，有草纸，不要撇我的篾笆子，要屙尿，有夜壶，不要在床上画地图。"

1968年，我曾爬山路到西岭雪山腹地，芦山县大川镇去扛楠竹回队建房屋，而在山中见到没有加入人民公社的单干户。

他们虽然身披兽皮，但红光满面。不像山中的公社社员一脸菜色还衣衫破烂。

许多山民有布票却无钱买布，我曾目睹山民，夏天在家中就不穿衣，难怪当年赫鲁晓夫说：中国人"三个人穿一条裤子"。

那时，不仅全国山河一片红，还全国民众缺吃少穿。单干户以打猎为主，也种些洋芋和蔬菜。主要的狩猎对象是高山牛羚，山民们称为野牛。兽皮可以卖给供销社，也可以换盐或粮食等生活必须品。个别的狩猎人甚至不知道朝代或时局的变化。

大川镇就有一家幺店子，不过店内的篾笆床上臭虫很多，完全不能入睡。毛泽东思想广播站却深入了山乡。不仅白天叫喊，甚至半夜也会一阵呼声，说需要去保卫毛主席。

在大川镇供销社，我买到了当时市面上凭票才供应的牙膏和肥皂。可见山民就不用这些"非生活必须品"。我还去观看了地震形成的地沟和改道的河流，在望不到边际的高山河滩上，感受到大自然留给我们的一份荒漠。

估计四川的幺店子已逐渐消失，但关于幺店子的风趣童谣却流传下来。

也许，外省的网友不知什么是"幺师"，这里可以解读成店主或店小二。同店主摆摆龙门阵，旅途中的落寞便尽行消融。当年的一些四川人，因为穷，用篾笆子代替手纸，不仅不卫生，还可能划破屁股。但愿后世的人们，不再回到那个荒唐的年代。

2020-5-5

75. 蔷薇蔷薇处处开

1975 年冬的一天傍晚，时值文革末期，在成都老友张友岚家里，友岚君给我介绍一首戴望舒的诗："冬夜裏吹來一陣春風，心底的死水起了波動，雖然那溫暖片刻無蹤，誰能忘卻了失去的夢......" 友岚君不知道，我在五十年代就听我母亲唱过这首四十年代的《恨不相逢未嫁時》等民国老歌。

图：张友岚（右一）蔡楚（右二）

友岚君书法

友岚君喜欢的紫藤花（蔡楚手机拍摄）

其实，真正由戴望舒的诗"有赠"改编成歌曲的是老歌《初恋女》："我走遍茫茫的天涯路，我望断遥远的云和树。多少的往事堪重数，你呀，你在何处？......啊，受我最初祝福的人，终日我浇灌着蔷薇，却让幽兰枯萎。"它是民国时期电影《初恋》的插曲。这些歌都表现了人世间的至情至爱，所以，能流传到今天。

《蔷薇蔷薇处处开》是民国时期电影《古到天堂》插曲："蔷薇蔷薇处处开，青春青春处处在......"母亲当年唱这首歌时，我并不知道

蔷薇为何能处处开。但当我在小镇看到野生的蔷薇时，才明白蔷薇不是篱下的花，其生命力自然强大。而且，蔷薇属植物的花色几乎包含了太阳光谱中的所有色采，所以招人喜爱。这些老歌都是陈歌辛（1914 年 9 月 19 日－1961 年 1 月 25 日）作曲。他作曲的同时也写歌词，流传甚广的《五月的风》就是他作词。陈歌辛是流行音乐家，1950 年 4 月受夏衍之邀，回到上海为昆仑电影制片厂

作曲。1957年在反右运动时并未发言，但也被打成右派，送往安徽白茅岭农场劳动，在大饥荒中被活活饿死。

当年一大批知识分子（包括我的许多前辈）对中共多少都支持过，或存在过一些幻想。即使是1957年提出“党天下”的储安平先生，也选择了留在中国，并担任中央出版总署发行局副局长和第一届全国人大代表。其结果，他在1957年被打成右派，文革中生不见人，死不见尸。

改革开放初期，有一批大学毕业生提出“加入中共改造中共”的想法，结果入党做官后，就屁股指挥脑袋成了贪官。可见中共就是一个大染缸，中共夺取和维持政权的手段，除了暴力和欺骗外，还应该加上腐败。

而储安平和陈歌辛的教训并未被后来人吸取，当前，还有一批非党知识分子，谁上台就吹捧谁，为当局吹喇叭、抬轿子，货予帝王家。

今天，我再唱起《蔷薇蔷薇处处开》：“挡不住的春风吹进胸怀，蔷薇蔷薇处处开......"是为了告慰我母亲和友岚君的在天之灵。那些赤化的扩张者，已陷入四面楚歌之中。当年许多老友，没有听凭命运的摆布，以强烈的求知欲望走上自学之路。如今，有几位诗友不幸去世。来年清明，我来祭奠，烛光中我们再议击秦。

蔡楚给张友岚君扫墓

2020年暮春

76.　未曾谋面的王康

人生有不少相知而未曾谋面的笔友，这在当代地球村里，不能不说是一种遗憾。

我知道王康在 2001 年，他被余世存的《北京当代汉语研究所学术委员会》公告了首届当代汉语贡献奖。这显然有些闭塞，因为我在文革前后，去过重庆几十次，也没有听朋友们提过王康，可见那时的中国多么封闭。

后来，中国社会逐渐宽松，才有了网络通信讨论。2004 年 4 月 24 日，还是余世存来信中提起王康：“诸位师友，家父不幸于本月 20 日过世，享年 73 岁......此次料理家事，多亏重庆王康先生......在此愿与诸位分享我的感恩。"

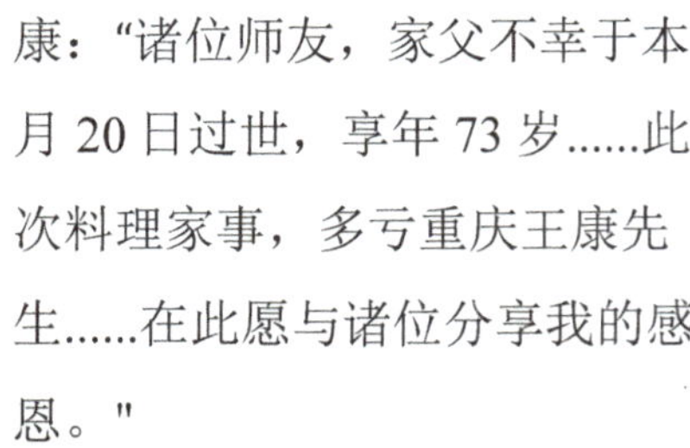

余世存说王康是"痛苦的中国知识分子代表“，此事说明王康把他人的痛苦当作了自己的痛苦。

删除 存档 垃圾邮件 移至 分类 …

晓波致意

我们正在失去自己的盐味

在"川渝两地高层文化论坛"上的发言

王 怡

盐这个概念其实有非常丰富的含义。除了担当，刚才柏桦讲到中和的品质，王康先生也讲到了苦难。盐若失了味，就是苦难。这些可能在这期杂志上体现得不够。但这一切所有品质加起来，包括这一期所关注的，我的理解就是四川人的文化品格，和四川人自己有盐有味的一种生活

2005 年 11 月，我在《民主中国》主持"三声鹃"栏目。当时，该栏目主要是四川的萧雪慧、谭作人及丁香在写稿。后来，王怡、王康也开始供稿。

王怡的文章《我们正在失去自己的盐味》中说："王康先生也讲到了苦难。盐若失了味，就是苦难。我非常同意王康先生的说法......"那时，刘晓波也参与了网络通信讨论。

http://minzhuzhongguo.org/filedata/148issue/148ssj1.htm

王康的文章和书画都有一种直面人性的宏大雄健风格，而我的诗却更喜欢沉郁的追问。这并不妨碍我对他的相知相惜，因为，我们所处的社会对人性的压抑，就是我们痛苦的共同根源，文学的价值之一就是要深刻地表现出人间苦。

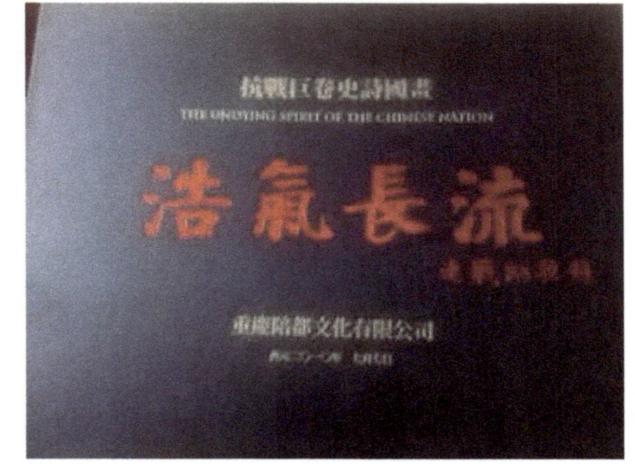

王康善于表达俄罗斯民族的启示，而我更喜欢世界各国的民歌，虽然俄罗斯的民歌曾伴随过我的青年时代。

2008 年王康获签证来美，2013 年因不能回国，所以仍侨居美国。由于各自忙于生存，我至今无缘与王康见面。昨天，我接到北明来函："我们的朋友王康久病不愈，休斯敦归来已经进入临终关怀阶段，即将远行。"

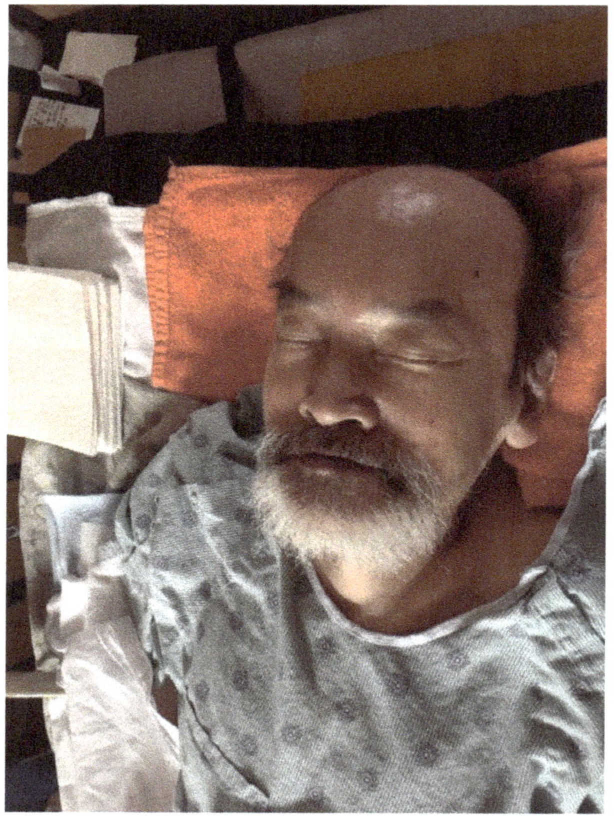

我不禁感到人生的一份苍凉。

告别了，王康笔友！美是自由的象征和归宿。彼岸没有世上那些丑恶的人。

2020-5-9

77. 美国是什么党？

咋一听来，此话不通。但把细一想，到了现代，美国的主流政党，共和党和民主党，在社会生活中都是支持言论自由，而且主张"非暴力"原则的。当然，有个过程。

美国的两党自美国内战后一直主导美国的政治。还有一些影响力较小的党派，包括自由意志党、社会党等，但那些党派未能在全国范围内取得优势，这在选举人票中可以反映。

你可以自由选择支持任何一个党的观点或措施，没有强迫的党派活动。

发一张自然界图片《鸭与大雁同游》，请三思。

但是，鸭若与水蛇同游，就有被吞没的危险。

寓意已很明显，即良禽也有与同类在一起的本能，而人类之间却很难判断是否同类，因为人类善于伪装，在善恶之间摇摆。若是不小心去要弄到美女蛇，就有被咬一口的危险。

美国宪法对党派没有严格的限制。因此，共产党、三K党都存在。我在美国曾看到过这些党派的报纸或书店。不过，这样的党派到了现代，已处于自生自灭的状态。其原因是这些党派主张并实行暴力。因此而江河日下。 比如，美国共产党，成立于 1919 年 9 月 1 日。二战后是其高潮期，党员达到 4 万多人（有说 8 万～10 万人）。1921 年底，美国共产党人成立了一个合法政党：美国工人党，与地下的共产党组织并存。

1992 年，我在西雅图时，曾看到成立于 1992 年的美国工人党，他们的《革命工人报》，自称《美国共产党（马列）》，办有一家书店，支持毛泽东，反对邓小平。但是，党员人数自称 1 万人，实际只有 1000 人左右。（有说 3000 人）。而美国共产党，则很少见过有公开的活动。

言论自由是人的基本人权之一，在美国我深有体会。

近来，中共内的好战者和编外的义和团，不断发出战争叫嚣，已威胁到世界和平。

我认为，即使是语言暴力，也应该在一定范围内受到限制。否则将使社会的戾气增长，对美国的发展不利。

世事洞明是儒家的传统观念，人也不可能完美。因此，我们应该理解和尊重每个人的言论自由和选票选择，而拒绝暴力，也反对语言暴力。

近年来，美国的暴力倾向稍有增加，善良的人们需要警惕。

2020-5-12

78. 遥远的叮叮声

儿时的成都糖多，如棉花糖、叮叮糖、桂花糖、糖饼儿、糖油果子，都是地方小吃。还有西式糖果。

白麻糖（成都话唸汤）又名叮叮糖。川西平原的麻糖，甜而不腻，入口化渣，不粘牙。

川西童谣："叮叮当，卖麻糖，敲得老子好心慌。麻糖甜，哄老子的钱。老子没得钱，给你两个铜片片。"

当然，成都的城乡一带，此童谣也有多个版本，如："叮叮当，卖麻糖；卖得老子心心慌；麻糖甜，豁我的钱；麻糖酸，豁我的裤儿穿。"通常，乡村在农闲的午后、城里在中午时，就会传来一阵叮叮叮的声音。无论大人或小孩听到这声音，就知道是卖麻糖的来了。敲（唸 kao 平声）两分钱的，或五分钱的都随便。安逸得板。

麻糖以精选糯米、芝麻、麦芽糖为主要原料，精制而成，无任何化学污染，无任何添加剂，是一种纯天然绿色食品。

成都还有"转糖饼儿"。孩童用两分钱，然后在木盘或竹盘上转，转到金鱼吃金鱼，转到龙吃龙。卖艺人给你用红糖汁到酷似的动物。泯甜。

据说，如今的成都，卖麻糖的声音日渐稀少，只在偏远的乡村，偶尔还能听到叮叮当的声音。

老成都的叮叮声，已渐行渐远。而乡土中国，已随我迁到我家后院。我心安处是吾乡。时代毕竟不同，那些泯甜的记忆，毕竟是田园文明。

2020-5-15

79.　校园湿地的青梅黄了

昨日去 UWA 校园散步，见校园湿地的野生青梅树上的青梅，已逐渐发黄。由于无人识得，更无人采摘，因此，有几只鸟在啄食。走近见树下落了不少青梅，真是"向黄昏、细雨闷无憀，青梅落。"

《即事》[宋] 陆游

小山榴花照眼明，
青梅自堕时有声。
柳桥东岸倚筇立，
聊借水风吹宿醒。

“望梅止渴”的典故来自曹操。但一方一俗，这里是“不知梅何”。几株青梅树上的青梅太多，枝条压的垂到地上。

湿地是地球之肾，是人类最重要的生存环境之一。美国各州的湿地都保护得很好，人与自然和谐相处。

《赠岭上梅》

[宋] 苏轼

梅花开尽百花开，
过尽行人君不来。
不趁青梅尝煮酒，
要看细雨熟黄梅。

转发：青梅酒農村人的做法，配方和比例都告訴你，簡單易做，越泡越香【潮州山哥】

清明快到了，萬物復甦的季節，怎麼少得了青梅酒這種好喝的飲

品，今天小編來教大家怎麼做這道青梅酒，青梅酒要“這麼做”，少了“最關鍵”的這 1 步，怪不得難喝有怪味。

https://www.youtube.com/watch?v=dSwn5oa6Kkc

今日再去 UWA 校园湿地。见树下落的青梅更多，于是跳起了“丰收舞”，大约 20 分钟，捡了十多磅。

仔细看了十几株青梅树，一种成熟后发红，另一种成熟后发黄。我估计成熟后发红的是青梅，而成熟后发黄的可能是变种。

网上说梅子的吃法多，脆梅、梅酒、梅子醋，还能做梅子露、梅子蜜饯烧肉、梅子露蒸鱼等。

2020-5-18

80. 谈谈四川的赶场和摆地摊

赶场，四川民间风俗。北方谓之赶集；贵州、云南称为赶街；福建，广东，浙江沿海人叫"赶虚（赶圩）"；约起源于人类以货易货的时候，到了清代就非常盛行了。李劼人《大波》第三部第三章："但凡赶场日子，再不济事的乡镇，红锅饭铺，都要开张。"

可是，中共建制后，由于实行公有制，连赶场也受到限制。尤其是从1953年开始，政府在农村实行粮食计划征购，在城市实行定量配给政策，简称统购统销。有观点认为，在这种政策下，中国农村和农民在1950年代至1980年代被政府剥削，最终"一贫如洗"，所以，在所谓"割资本主义的尾巴"的时期，赶场就形同虚设。

俗话说："共产党的政策像月亮，初一十五不一样"，说的是中共的政策变化比什么快，朝令夕改，早上说了，不到中午就会变。比如，1961年大饥荒时，四川就开放黑市，鼓励人们去赶场摆地摊，自谋出路。可是，没两年搞买卖的罪名就是"投机倒把"，要是砍竹子遇到节疤，照样要弹进罐罐。后来，还建立市管会，专门欺压民众。

我是成都市小摊贩的见证人。我的大叔蔡紫和（1910～1993）是手工丝织工人。民国时期因手臂断裂，从此开始赶场摆地摊，卖百货、耗子药、桐油石灰、鱼钩鱼线、灯草，应有尽有。他是五十年代成都市少量有证的小摊贩之一，担任过当时的东城区，小摊贩纳税组组长，死于车祸。所以，我深知地摊人的艰辛。

大叔居住在成都小淖坝巷，一间十平方米的小屋内。进门就是床，此外就是一个蜂窝煤炉。由于穷，五十多岁尚未成婚。大饥荒时，街坊出于好心，给他介绍了一位饿的半死的17岁农村姑娘。大叔给姑娘买两只鸡、一个乌龟炖汤。吃了两次，水肿病消失了。姑娘跟了大叔一年半，后来被人拐卖到河南，文革中，大叔还被追查。

由于没有退休金，大叔过了八十岁，还推鸡公车到街边摆摊，不幸被自行车撞到，骑车人逃跑，大叔昏迷后死亡。可见，大陆底层劳动者的生活完全没有保障。摆地摊就是劳动者逼不得已的选择，也是中共转移经济危机的一种手段。

四川乡镇赶场不是天天有，一四七、二五八、三六九，各乡场的逢场天不同。

赶场使农村经济活跃，是自由贸易的好方式。城市的街边夜市，也是失业人员的一种出路。并不像官方的牛皮吹翻天，地摊经济反而被吹成时髦，丧事当成喜事办。

我对赶场的记忆是56年读初中时开始的。那时，几乎每周，母亲都要我去一次牛市口赶场，用背篼背回一些副食品，由于只能步行，来回十里路，很辛苦。

当今中国社会，民众刚吃过几天饱饭，却到处都是官员的瞎折腾。不仅折腾自己，还折腾到全世界。折腾来，折腾去，那就任谁都有一天会被吞没进去。

人心不足蛇吞象，世事到头螳捕蝉。有这样的民不聊生的强国梦吗？

2020-6-5

81. 纪念本刊主编刘晓波先生殉难三周年

主持人、各位朋友：

本刊主编刘晓波先生为践行公民精神而殉难已经三周年。当此，中共流毒与病变演化出的党国霸权主义肆虐世界，自由世界被迫奋起还击，双方正处生死角逐之际。今天，我们追思刘晓波先生的目的，是继承他的精神遗产，以公民行动去继续推动《零八宪章》运动，努力完成刘晓波先生未尽的目标，把中国推向自由民主宪政。

根据约翰•霍普金斯大学的数据，目前全世界有超过 1270 万个新冠病毒感染病例，死亡人数超过 50 万。我们今天悼亡，应向 50 万无辜的亡灵鞠躬致哀，献上素净的小白花。估计死亡人数还会增加。建议大会发表声明，支持美国参众两院的两项议案，量化疫情对各国造成的损失，并要求中共进行赔偿。同时，要求中共释放全部政治犯，还政于民。

《民主中国》创刊于 1990 年 4 月。2006 年 10 月，由于苏晓康先生退休，刘晓波先生、张祖桦先生和我共同接办了《民主中国》网刊，致力于积累公民力量，推倒专制铁墙，将中国建成一个自由、民主、宪政的国家。

在这 14 年中，刘晓波先生殉难，张祖桦先生遭到长期严密的监控、软禁，一批批中国大陆作者和《零八宪章》签署者被中共当局因言治罪，投入监狱，甚至被迫害致死。但是，中国的宪政活动仍然此起彼伏，绵延不绝。今年"六四"，"零八宪章"联署者发表了"第四十一批签名"，签名人数，从去年第四十批签名时，已超过一万四千人。

刘晓波一生做了三件大事："六四"声援学生成为黑手；创建和发展独立中文笔会，巩固和发展民主中国网刊；用以身殉道的方式来弘扬《零八宪章》。

名憾帝都笔一支，自由风云涤英魂。民间已无刘晓波，宪政尚有后来人。

谢谢！

2020-7-13

82. 几张珍藏的照片—纪念晓波逝世三周年(英文链接)

一，**2010年为被监禁的刘晓波站台**

'Standing for the Silenced' - Press-Register Article Featuring USA Biomedical Librarian

LIVING

Pensacola sculptor is Mobile native

Standing for the silenced

Mobile couple attend Nobel Peace Prize ceremony for their friend, Liu Xiaobo, who is a jailed dissident in China

Elderly driver approaching: run for the hills

http://medschoolwatercooler.blogspot.com/2011/01/standing-for-silenced-press-register.html

二，美国生物医学图书馆员参加挪威诺贝尔和平奖颁奖典礼

USA Biomedical Librarian Attends Nobel Peace Prize Ceremony in Norway https://medschoolwatercooler.blogspot.com/2010/12/usa-biomedical-librarian-attends-nobel.html

图 1：杰莉（左）感谢众议员克里斯托弗·史密斯发起众议院第 1717 号决议-祝贺被监禁的刘晓波获得 2010 年诺贝尔和平奖。

作为 2010 年诺贝尔和平奖获得者刘晓波的朋友，南阿拉巴马大学生物医学图书馆的杰莉和她的丈夫蔡楚应挪威诺贝尔委员会的邀请参加了 2010 年 12 月 10 日在挪威奥斯陆举行的诺贝尔和平奖颁奖典礼。

图 2：吕金花与杰莉在晚宴上，背后是挪威的国王和王后。

刘并没有出席颁奖典礼，因为他通过其著作和在《宪章》（Charter 08）中的角色和作用而被判 11 年徒刑。

杰莉说：“近几十年来，中国在经济上取得了巨大成就，使数亿中国人摆脱了贫困。”“但是，刘和妻子刘霞不在典礼上表明，中国经济的快速发展并不像许多人所认为的那样实现了民主转型。”

杰莉（左）感谢众议员克里斯托弗·史密斯发起众议院第 1717 号决议-祝贺被监禁的刘晓波获得 2010 年诺贝尔和平奖。

杰莉同时也感谢众议院议长南希·帕特里夏·佩洛西在挪威所作的支持刘晓波的专题演讲。

https://zh.wikipedia.org/wiki/%E5%8D%97%E5%B8%8C%C2%B7%E4%BD%A9%E6%B4%9B%E8%A5%BF

2020-07-31

83. 小镇的蝉鸣

今晨去给丝瓜浇水，发觉一只蝉，比四川的蝉略小。经网络搜索，知道知了的寿命是所有昆虫中最长的，但在它们的一生中，能够在太阳下生存的日子却不多。蝉的蜕变主要是在地下完成的。难怪，我总听到蝉鸣，却少见它透明的翅膀。

小时候，在成都常听得蝉鸣。夏秋之际，"居高声自远，非是藉秋风"。

小镇的蝉鸣声，屋前后的树林里"知了"声一片，但声音比成都的蝉鸣小。若是黄昏或夜晚，你到湿地去，更是蝉鸣、蛙鸣、雁唳、鱼跃声、瀑布声……，混成天籁之音。湿地沉浸在没有纷扰的意象中。

现今，我以为目力减退，已看不见蝉。原来蝉的一生中大部分时间以幼虫形态穴居在地下。

图：四川蝉和北美蝉。

例如，中国蝉的穴居时间为 3 至 7 年，法国蝉的周期大多是 4 年，在北美这个周期可以长达 17 年。也就是说，虽然在许多地区每年都能见到蝉，但蝉的种类及生命周期还待更多的研究。

小时候，常在成都用蜘蛛胶粘蝉玩的童趣，则不需要研究，却能在我的记忆中闪烁。

“木落多异感，蝉鸣非故乡。”此中感悟深矣。

蝉不知雪，夏生而秋死，故蝉不知雪花的潇洒。

古人云：“蝉鸣如雨”。小镇的蝉鸣，就是在林中听细雨打密叶的那种淅淅沥沥的落叶声……落丛林，知了知了；落草地，知了知了；落芦湖，了然一生。

听听那蝉鸣，穿过故乡的夜空，到达湿地的清晨。它不是蛩吟的乡愁，而是蝉的共鸣。预示着万象更新，春将降临。

2020-8-1

84.　寥落

有一丝雨
有淡淡风

秋，忧郁地来了
披一袭秋衣

树叶说
红就是枯萎

秋云说
盛夏的最后叹息
寥落在蛩吟中

2020-8-13

85. 秋思

从大饥荒活出来的我，最懂得吃的重要。忘不了那三年，十腹九空，饿殍遍野。我的理想就是吃饱。从镇反、土改、反右到大饥荒、文革、六四，一千一万次证明：中共从来不爱国更不爱人民。到老来食而无味，猛听到赵盛烨提议用毁灭地球的方式来对抗美国，才明白中共又回到大灾难的前夕。这种反人类的罪恶如何清算？综合看中共的现状：其顶端回到“定于一尊”的老佛爷模式，而其下层还是义和团的口号“一概洋鬼子全杀尽，大清一统庆升平”。尽管中共还打着“改革开放”的旗帜，其霸占全球的共产梦，一点没有改变。

中共霸占中国 71 年的历史，就是一部“食人史”，包括吞噬自己的儿女，这样的你死我活的党没有更新能力。

中美对立，机遇来了。尽管美国人不愿意爆发全面战争。更没有“解放”中国的兴趣。

但机遇不可失，已经到中国人自己救自己的关键时刻。

希望党内的“救党派”力促一尊下台。民间的反对力量尽管被严酷打压，但自由的愿望生生不息，只有抗争到了一定的规模，才能得到自由世界的支持和认可。

行动起来，2020 年中国！

2020-9-16

86. 中国讲道理那天

别说有理走遍天下
真的有，中国讲道理那天
没有权谋，没有谎言

假如，那天我还活着，将去中国
在天安门广场，用亡灵的姓名筑一段哭墙
哀悼亿万共产主义受难者，祭奠人权

真的有，中国讲道理那天，没有血腥
没有核弹，没有鲜花簇拥的宫殿
除非，枪杆子下面——不出特权

2020-9-22

87. 利文斯顿小镇的红色彼岸花

石蒜，学名：Lycoris radiata，又名彼岸花、相思花等，是一种多年生草本植物。

在中文世界里，此花即传说中的彼岸花。是佛教轮回学说中的故事。

小镇的彼岸花遍地野生，先开花后生叶（叶类似兰草），花叶不相见，寓意着相思。淡淡的香。

彼岸有花现彼岸，花叶飘零了无缘。

彼岸

可安歇的水边
一条引领的木船

可倾诉的相思花
述说着隔世的因缘

我的灵醉若秋叶
美就是『彼岸』

彼岸花叶

彼岸花植株内含有石蒜碱和秋水仙碱，是有毒的生物碱。石蒜碱在医学上可用于催吐。秋水仙碱有剧毒、致癌物质，生物学中诱发基因突变和染色体加倍用的就是它。石蒜科植物普遍有毒，例如花卉水仙、朱顶红、君子兰等，就是因含有秋水仙碱。但是只要你不吃它，就不会中毒。

2020-10-12

88. 芦湖秋色（2020 版）

LAKE LU，芦湖位于利文斯顿小镇，在西阿拉巴马大学校园内。湖不大，沿湖走一圈只有两英里多。但芦湖拥有自然的荒野之美，且盛产鲈鱼，常常能钓到 22 英寸以上的鲈鱼。

入秋后，几支红芦苇花点缀着波光粼粼的芦湖，让人不禁赞叹大自然的鬼斧神工。

去年刚到小镇，11 月才去芦湖，因此，已是晚秋。

今年，秋正美，所以，我看到不一样的秋色。

人们常说“芦花飞雪”，这与我去年 11 月看到的芦花一样。

今年却见到红芦苇

花。大自然非常神奇，正如小镇上春天的紫藤花一样，开始是紫色的，后来就变成白色。使我们享受到不同的色彩。

比较一下：

1，2019 年的白头芦苇花。　　2，2020 年的红芦苇花。

虽然色彩不同，但同样美丽。

湖边的亚洲垂柳有些发黄，使我想起《章台柳》的典故。章台

杨柳：唐韩翃有姬柳氏，以艳丽称。韩获选上第归家省亲；柳留居长安，安史乱起，出家为尼。后韩使人寄柳诗曰："**章台柳，章台柳，昔日青青今在否？纵使长条似旧垂，亦应攀折他人手。**"' 柳复书，答诗曰："**杨柳枝，芳菲节，可恨年年赠离别。一叶随风忽报秋，纵使君来岂堪折！**"

后以“章台柳”、“章台折柳”常比喻离别。

一只灰鹭在浅水区狩猎

秋叶

水波粼粼，柔情似水。

荒草黄，野果红。

“于是我的梦静静地来了，
但却载着沉重的昔日。”

“让我烧起每一秋天拾来的落叶，

听我低低唱起我自己的歌，
那歌声将火光样沉郁又高扬，
火光样将落叶的一生诉说。“

秋色动人不必多，
几支芦苇立芦湖。

湖边树林

2020-10-8

89.　万圣节前夕的利文斯顿小镇

万圣节的日期是在十一月一日。而万圣夜在每年的 10 月 31 日晚庆祝。西方传统上认为万圣夜是鬼怪世界最接近人间的时间，这与中国的中元节的百鬼夜行类似。

昨天，我到小镇的法庭大厦去办理汽车牌照，在大厦后面拍摄到小镇南北战争后，南方邦联阵亡将士纪念碑，及四周的灵异人物。

万圣夜的主题是鬼怪、吓人，以及与死亡、魔法、怪物有关的事物，也与庆祝丰收的南瓜相关。今年还联系上新冠疫情，所以，法庭大厦四周的灵异人物比往年多。而且，联系到小镇南北战争的亡灵，也凸显了小镇居民的爱好和平的愿望。以及美国人的风趣和幽默。

法庭大厦正面的灵异人物。

丰收的喜悦与疫情。

静穆的墓园里插着鲜花。

过去，我家在莫比尔市居住时，每年万圣夜都有小孩来要糖果。我们还开着灯迎接。

而小镇只有几万人，只有这些南瓜和稻草人，以及小镇的红叶告诉我，万圣节已快来临。

我的丰收节是今年的 10 月 10 日。今年收获了一百三十多只台湾胖丝瓜。

2020-10-20

90. 我家的竹林

我家的竹子，是我到南阿拉巴马大学去移植的，十年前初成林。后来，我又去朋友家移植了紫竹。

现在，几种竹子混在一起，延伸到屋后的森林里，越长越粗越高，每年都必须砍去老而黄的竹子，而且，还须清理竹根，以免窜到屋四周。

图 1～3，我家的竹林初长成。友朋至，温酒赏竹。

4，我家的紫竹

殷明辉兄咏竹诗

（一）

劲节称君子，虚心似故人。

傲霜梅作伴，醉月松为邻。

（二）

千竿荫白屋，一径满清风。

高节常栖凤，虚心喜近松。

（三）

清阴满郭外，殷色罩江干。

露压枝愈秀，霜欺叶更繁。

（四）

坚姿怀六逸，高节忆七贤。

翠实香弥久，紫花妙入禅。

2020-10-30

91. 栀子花盛开，故人不复来

我家迁居莫比尔市后，1994年用分期还款的方式，购得一间平房。我在平房的四周，插活了几十株栀子花和杜鹃花，

第二年4月下旬起，我家的几十株栀子花渐次开放。花期很长，直到8月底。

有的年度，受气候影响，栀子花到冬天也有孤零零的几朵开放。栀子花的清香萦绕我屋已经近20年，我已久而不闻其香。

感讽五首（其五）

李贺

石根秋水明，石畔秋草瘦。
侵衣野竹香，蛰蛰垂叶厚。
岑中月归来，蟾光挂空秀。
桂露对仙娥，星星下云逗。
凄凉栀子落，山璺泣清漏。
下有张仲蔚，披书案将朽。

栀子花原产于中国，主要分布在贵州、四川、江苏、浙江、安徽、江西、广东、云南、福建、台湾、湖南、湖北等地。5-7 月开花。

我这里是美国南方。栀子花易于成活，我就是用枝条插活的。4-7 月进行，剪下插穗仅保留顶端的 2 个叶片和顶芽插在盛有清水的容器中，经常换水，以免切口腐烂，3 周后即开始生根。

栀子花喜温暖湿润和阳光充足环境，较耐寒，耐半阴，怕积水，要求疏松、肥沃和酸性的沙壤土。我这里正好在南方，又是沙壤土。

我直接在花盆里插活过大小栀子花枝条，然后栽在院子里。每年，4～8 月开两次花，香味扑鼻。

每次，有人来访，我都请他们注意："过了二十年，我开始栀子花过敏，皮肤瘙痒红肿，荨麻疹。"

2018-5-3

92. 我家的枇杷树

成都人普遍爱读诗，这与工部草堂与薛涛井有关。记得，成都薛涛井内有联叹薛涛：

古井冷斜阳，问几树枇杷，何处是校书门巷；

大江横曲槛，占一楼烟月，要平分工部草堂。

成都多枇杷树，我在成都老家的后院，也种过一棵枇杷树。所以，到莫比尔后，看到机场附近有几株枇杷树，每年春天金果满树，却无人问津，就去采来吃，美国人停车下来看，问我是橙子吗？我说不是，但他们不愿意尝尝。后来树被飓风劈断，我留下种子，树苗已由多家移种。

这是我 10 年前自己育苗，并了 4 棵树苗种在一起的枇杷树，因此，枇杷树宽约 7 米，高约 5 米，易于采枇杷果。

每年 10 月底到 11 月。我家的枇杷树就会开花。花期较长，引来无数蜜蜂。到第二年 2 月底至四月中旬，我会每天采枇杷果尝新。甜酸味，果实大。

周日，枇杷尝新

连日阴雨，昨天放晴。后院的枇杷部分成熟，颗粒比洞庭枇杷稍大，成熟期也稍早。我采了几十颗尝新。味甜，汁多。“树繁碧玉簪，柯叠黄金丸”。故后人多称枇杷曰黄金丸。我家的枇杷从 2 月底吃到 4 月中，仍“柯叠黄金丸”，估计能吃到 4 月底。我存储了一些大颗的到冰柜，留给孙儿女尝尝。

美国人多不食枇杷，连板栗也没人摘，他们说板栗吃多了会患心脏病，所以扫作垃圾。我秋天常去邻居家扫一大筐栗子。

锦城云乐不归去

秋尽枇杷花里居，言有推特食有鱼。
栗子甘美粉芋头，锦城云乐不归去。

2018-11-15

93.　　我在美国钓海鱼

钓鱼是一种娱乐或健身运动。我家原居住在成都的锦江边，因此，我自幼就喜欢钓鱼。到了美国后，因家住在海附近，钓鱼更方便。于是，几乎钓鱼成瘾，后来，还把鱼杆放在汽车里，走到哪里，就钓到哪里。

第一次去莫比尔的墨西哥湾钓海鱼

墨西哥湾海豚岛私人钓鱼台能容纳数百钓鱼迷钓鱼，钓鱼 24 小时收费 6 美元。有红鱼、黑鼓鱼、海鳗鱼、海鳟鱼、鲨鱼等几十个品种。而且，阿拉巴马州的公共水域，65 岁以上的老人不用买钓鱼证，淡水或海水都可以钓。

各品种鱼的尺寸都有规定，钓到海豚或海龟、鲨鱼等必须放生。秋天到初冬是这里最好的钓鱼季节，去晚了就没有好钓位。

由于我没有钓过海鱼，就约了一位台湾的老钓友李戴维一起去。下午四点钟，我俩就上了钓鱼台，走到最远端，选好钓位，甩出鱼线。四点半左右，老钓友李戴维有经验，见到鱼线在动，就飞身上前抓住海杆，然后叫我去遛鱼。我遛鱼半个小时，才把一条大红鱼拖出水面，拉到钓鱼台边，用深水舀舀上钓鱼台。李戴维说，大红鱼有三十多磅。

稍后，李戴维钓到一条大黑鼓鱼，约四十磅。由于我没有钓大海鱼的经验，没有把海杆套在木桩上，当晚，只听到一声响，回头一看，我的一根海杆已被海鱼拖进水中，完全来不及去抓。

从此，我和李戴维经常相约去墨西哥湾钓海鱼。

李戴维有一条船，他说，从莫比尔湾驾船去佛罗里达海域，可以钓到石斑鱼。还可以挖到海贝，钓到龙虾。沿途的海景很美，让你在阳光下海风中目不暇接。

夜钓

后来，我把妻也约去钓鱼，第一次她遇到鱼讯，钓到三十几条海鳟鱼，她也就有了兴趣。

下面是几次钓鱼纪录。

到佛罗里达州巴拿马城钓鱼

我和妻两次去佛罗里达州巴拿马城度假，第一次时，钓到一条红鱼。这里，钓鲨鱼看品种和尺寸，每次可钓符合品种和尺寸的鲨鱼一条。每年都有比赛，鱼饵鱼线用划艇放到1000米外的海里。各个州还组队参赛，喝着啤酒，唱着歌，打着队旗钓鱼。鱼线是钢丝，鱼轮和鱼竿都非常结实。

迈克尔飓风后钓夜鱼

迈克尔飓风10月10日登录佛罗里达州沿海的巴拿马城以及一些低洼地区，给当地造成巨大损失。飓风过后天气转晴，周六莫比尔白天的气温达到华式82度，接近28℃。下午5点半，我到海豚岛钓鱼台钓鱼，到晚上9点收杆驾车回家。我拍摄了几张照片，与各位网友分享。黄昏时，一位钓友和他的女儿展示钓到的美国红鱼。约20磅，不算大。

羊头濑鱼

今天的钓友较多，有不少小钓友。但不如前几年的钓友多，当时经常有外州钓友来钓，有的连钓三天三夜，困了就放一张毛毯，睡在木棚的木板上。钓鱼台上互相帮助，钓到大鱼时不用喊，有钓友主动来舀鱼。

钓到 69 条海鳟鱼。

今年秋钓，海鳟鱼已到收尾期，海鳟鱼群没有 9 月底到 10 月上旬那么活跃。

10 月中下旬到感恩节进入钓美国红鱼的最佳时期。此外，钓到一尾羊头濑鱼，此鱼宜用不粘锅微火两面煎，到微黄时佐酒用，其味香脆。

我还去佛罗里达州华顿堡海滩钓鱼，由于风大和不熟悉鱼情，我只钓到几条小鱼。有美国钓友用拟饵钓到两条海鲡（军曹鱼），其中一条约 2 米长，只能扛着走。

钓到去年，我已不喜欢钓几十磅的大海鱼，因为漏油事故污染了海水，使大鱼的含汞量偏高。此外，我改用拟饵钓法，有时，一杆就上鱼 4-5 条。渔获翻番，结果反而成了负担。

偶尔我也去密西西比州比洛克西海港买虾和墨西哥湾蓝蟹。大虾每磅 3.25 美元（10 至 15 只）。

蓝蟹 8 美元一打（12 只）可以挑大小。

去年 8 月底，我家搬到阿拉巴马州的利文斯顿小镇，与儿子一家相邻而居。自此，我没有再去钓海鱼。

这里的芦湖里盛产鲈鱼，但钓法是路亚钓法。而且，须租船到湖中去闯荡。

路亚钓法需要不断甩线，不断收线。我又开始了新的学习。

2020-11-1

94. 小镇云淡风轻

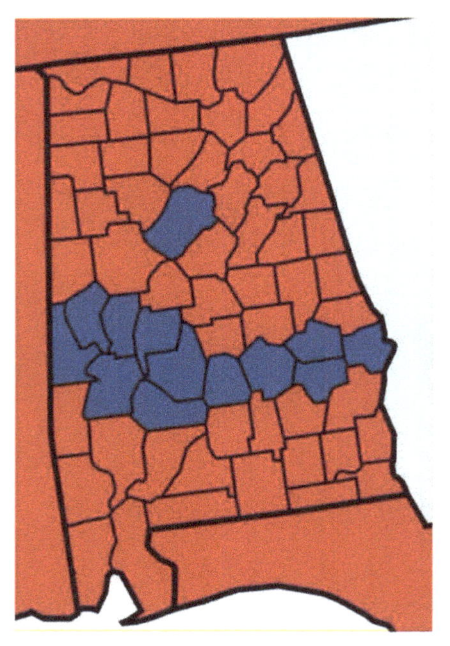

图为阿拉巴马州选票分布图和芦湖边的野餐桌和红松。

美国人热爱自由和幽默。阿拉巴马州是红州，而利文斯顿小镇到伯明翰这一带被称为黑土地带，却多年投票支持民主党。虽然只占阿拉巴马州投票选民的 30%多。

小镇的居民调侃的说，我们投无作用的票，但两党的选民的选择，都应当得到尊重。政治化的对立很淡泊。小镇云淡风轻，没有受到美国大选结果不会在未

来几个星期里得到正式核准的影响。此外，疫情有反复，有学校再次暂时停课。

《菩萨蛮》

书江西造口壁

辛弃疾

郁孤台下清江水，
中间多少行人泪。
西北望长安，可怜无数山。
青山遮不住，毕竟东流去。
江晚正愁余，山深闻鹧鸪。

2020-11-9

95. 国际笔会将纪念刘晓波获奖十周年

Liu Xiaobo's Poem that Liu Xia is to read for 10th Anniversary of Nobel Peace Prize awarded to Liu Xiaobo

据悉，国际笔会将在 12 月 10 日前发布视频，纪念刘晓波获奖十周年，并声援因言获罪的中国狱中作家。视频中，刘霞会朗诵刘晓波的诗歌——《梵高与你——给小霞》：

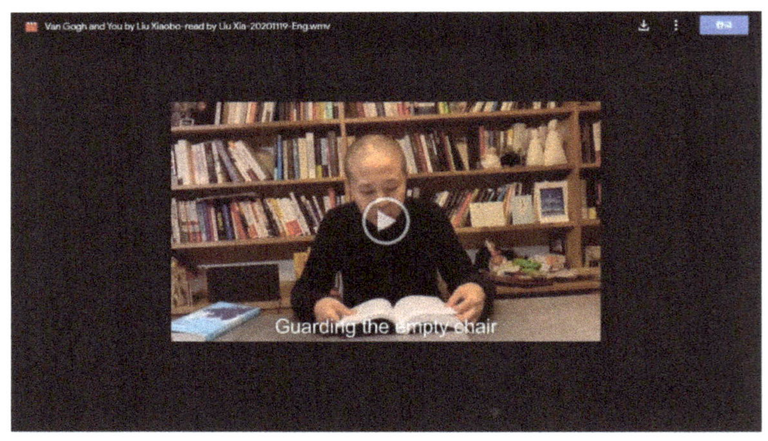

梵高与你

——给小霞

你的字总让我自卑

信中的绝望难以辨认

而笔划却趋于完美

梵高的向日葵，长在

你握笔磨出的厚茧上

那把空椅子很珍贵
不是你读书写信的地方
换一个姿势
就是换一种记忆
你平静地面对劫掠
一个人欣赏梵高的画

每天都用心跳行走
总以为再迈一步就是尽头
撞墙的预感引导着你
在爱的反面
在死的另一面
梵高的播种者
毁于刚刚萌芽的种子

对于你
房间等同于天堂
从外面回家
似乎就得到了拯救
在无人哀悼亡灵的时刻
每个人都成为了歌手
惟有你保持沉默
守着那把空椅子

血腥的记忆勒住咽喉
词是咸的

声音是黑色的
全天候的跟踪
和大脑中的监视器
也抢不走你的笔
和画中的那场大雪

梵高割下的耳朵在飞翔
为你寻找一种色彩
一双沾满泥巴的农鞋
在笨拙地行走
带你去耶路撒冷的哭墙

晓波 **1997.8.14**

Van Gogh and You
- To Little Xia

Your handwriting always makes me feel inferior
The desperation in your letter is hard to recognize
But the strokes tend to be perfect
Van Gogh's Sunflowers grow
On the callus due to friction while holding your pen

That empty chair is precious
Either the place where you read and write

Changes a posture
Or just a memory that
You calmly face the plunders
Alone enjoying Van Gogh's paintings

Walking with your heartbeat every day
And always thinking one more step to be the end
The premonition of hitting the wall guides you
Opposite to love
On the another side of death
Van Gogh's Sower
Is destroyed by just sprouting seeds

For you
The room is equal to Heaven
Home from outside
Seems to be saved
While no one mourns the dead
Everyone becomes a singer
Only you keep silent
Guarding the empty chair

Bloody memory strangles the throat
Word is salty
Voice is black
Being followed under all weather

And the monitor in the brain
Cannot snatch your pen
Nor the heavy snow in your painting

The ear that Van Gogh's cut off is flying
To seek a colour for you
A pair of muddy peasant shoes
Walking awkwardly
Take you to the Wailing Wall in Jerusalem

Xiaobo 1997.8.14
(Translated by Yu Zhang)

翻译：独立中文笔会 张裕

2020-11-20

96. 洪哲胜先生走好

民主亞洲基金會會長、前民進黨顧問、前台獨聯盟美國本部副主席、前台灣革命黨總書記，1939年出生於台南的洪哲勝先生，今天早上在紐約市逝世。

洪先生長期參與台灣獨立運動與中國民主運動；在1980年代離開台獨聯盟，與許信良一起創立台灣革命黨，催生海外台灣人突破黑名單返台浪潮。1990年代以後積極參與中國民主運動，主張強鄰中國民主化，台灣更能自主。

洪先生是令人景仰的職業革命家！

惊闻洪哲胜先生不幸去世，蔡楚致以沉痛的哀悼。

洪哲胜先生长期参与台湾独立运动与中国民主运动，十多年来一直支持《零八宪章》运动。他的《民主论坛》曾给刘晓波的文章发稿费，并在刘晓波去世时著文哀悼。

蔡楚曾是《民主论坛》的作者和受益者。

天寒地冻，冷酒一杯，撒祭洪哲胜先生！

洪老先生为人诚恳，高风亮节，勤与作者沟通，热心关注大陆良心犯和访民。可谓海外网刊中的奇瑞，愿他在天国安息。

洪老先生多年患“痛风”病。痛风常会合并肾损害、高血压、糖尿病、高脂血症等诸多疾病。2017 年 12 月，我在纽约召开《刘晓波纪念文集》发布会前，本来已和洪老先生约好，借用纽约台湾会馆，并请洪老先生做 5 分钟发言。但他突然发病，导致不能行走。后来在胡平、王天成、滕彪和王艾等的帮助下，顺利召开了发布会。

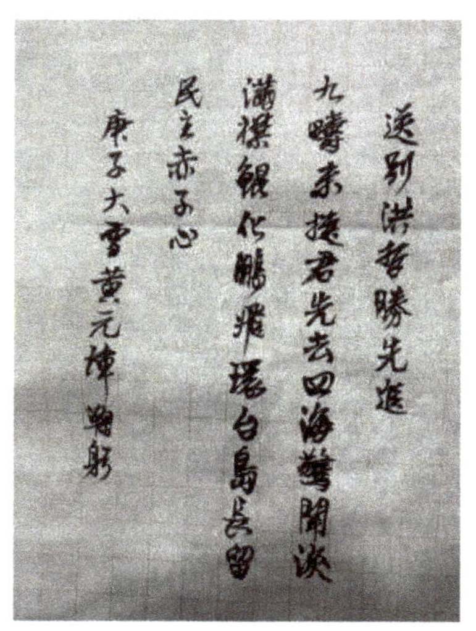

送別洪哲勝先進
九疇未捷君先去四海驚聞淚
滿襟銀化鵬飛瑤台島長留
民主赤子心
庚子大雪黃元璋鞠躬

图为香港黄元璋先生的悼诗

cary hung <caryshung@gmail.com>
周三 2006/1/11 7:20

收件人: 你

蔡楚兄，你好！

非常感谢你的长期推荐非常重要而且极端及时的文章。我们今年开始注意版权问题，没有作者授权绝不刊发。因此，能否请你待征你经常所送那几位作者的无偿转载的授权。比如：高智晟，郭飞熊，滕彪，……

你在民主论坛的耕耘，已经随着你的提供文章的记录被记载下来了。大家已定会非常感谢你的。

洪哲胜 上

在06-1-10，**Cai Chu** <caichu@hotmail.com> 写道：

从 1998 年《民主论坛》创办起，我即与洪老先生打交道。至今保存了他的几十份电邮，都是很珍贵的历史资料。

高智晟、郭飞雄：建议成立“汕尾开枪事件真相民间调查委员会”(2) 2019-12-13 20:28

为了在此关键性问题上督导和鞭策政府的工作，我们提议成立“汕尾开枪事件真相民间调查委员会”，推动民间和官方在此事件调查中的深层沟通和直接协作，争取与中央政府、全国人大组成联合调查组，一道查清血案真相，并推动约束军队和武警的法治规范和程序的建设。我们支持中央政府为汕尾开枪事件进行彻底的真相调查并进行防范类似事件再次发生的体制改革的一切努力。一旦真相大白，此一“汕尾开枪事件真相民间调查委员会”便可解散，但一条官民良性互动的建设性渠道却可顺势建立，为今后其他疑难问题的解决开创一良好的先例。

欢迎社会各界就我们的提议进行充分讨论，并提供更好的建议。欢迎官方与我们沟通。联系电话：高智晟 13910000145

2006年1月11日◇

如这份：高智晟、郭飞雄：建议成立"汕尾开枪事件真相民间调查委员会"。

洪老先生的外号「楚也」，这与蔡楚的名相同，都是来自—司马迁《史记·项羽本纪》：“‘楚虽三户，亡秦必楚'也。”的借喻。

在海外从事台独运动30年的他，待到昔日党外人士回台推行民主化运动、实现民主宪政后，他转而推动中国民主运动，可说，洪老先生的一生都奉献给了民主运动。

王中陵：冬至悼《民主论坛》主编洪哲胜兄

久失田横讯，闻之竟遽亡。
望帆思壮士，蹈海救炎黄。
冬至翻雄檄，人权赖国殇。
自由旗不倒，民主论坛长。

2020-12-19

97. 我接种了新冠疫苗

今天，我到小镇的诊所去接种了新冠疫苗的第一针。下月还需要接种第二针。

回想起在等级制森严的天朝时，真是哭笑不得。上世纪七十年代初，我在成都某厂做临时工糊口。当时，中共传达所谓“九一三事件亦称林彪事件”的背景。我却被安排与被揪到牛棚里的人一起劳动，不能听传达。

后来平反，我才知道，我当时被当局定为“暗管份子”。仅因为我在文革中反对个人崇拜，而且曾在六十年代初写诗揭露大饥荒时饿死人。可是，当局没有通知我，只是派出所的警察要求我出门要请假，警察经常深夜来查夜，没收了我几十本书，包括《聊斋志异》。还口称我是所谓“可教育好的子女”，实际是内控。

天朝的等级制源远流长，中共更肆无忌惮。包括彭德怀、贺龙等“打江山”的将军都因反对个人崇拜，文革中被毛泽东活活整死。

改革开放后，大部分老百姓吃上了饱饭。但中共的浮夸风和阶级斗争论并未熄灭，又划分出新黑五类。

目前，中共称所有贫困县脱贫尤其值得关注。这是大跃进的翻版，善良的国人需要警惕。

我今年 76 岁。46 岁时来美国，从打杂工开始，后来做网络编辑。

我的体会是美国没有制度性等级制。因此人们选择工作的自由度比较大，机会也比较多。

不像在天朝，我一降生就是狗崽子，受到各种歧视。仅仅因为我父亲是黄埔军校的教官。

此次接种新冠疫苗，我按年龄列入了优先。证明了美国宪政制度的种族平等性。

2021-1-25

后记

当今世界的科技发展节奏加快，因此，谁抓住了时机，谁就会拥有先机，从而走在世界的前列。

推特（Twitter）"被形容为"互联网的短信服务"，而注册用户则可以通过 Twitter 网站、短信或者各种各样的软件来发布消息。

正因为"短"就省了时间，还因为用户多，你既可知道许多信息，还可把自己的信息在短期内向世界传播。

我在 2009 年 11 月加入推特的注册用户，至今发出 13.3 万推文，成为推特中文圈较活跃用户。这些推文中，既有信息和评论，还有我的原创短诗、短文和手机拍摄的图片、动图和视频。

有推友说我是中文推特上，首先推出原创短诗配图的用户。我缺乏资料佐证，因此不能自恋。但至少可以说，我是中文推特上，最先推出原创短诗配图的用户之一。

Twitter 历过十年的发展后，已成为现今全球新闻、娱乐和评论的重要来源。这只"蓝色小鸟的的啁啾"已是我生活的一部分。

我喜欢推特（Twitter）的自由度，但不赞同他的高层控制部分信息的流通。

人生有许多无奈，你只能死扛。而我的短诗和短文，既是一种死扛，也是一种娱乐。正如胡平兄所说："这既是一种活法，也是一种写法。"

我在 13.3 万推文中选出 97 篇原创短诗文整理成册，取名《老成都的吆喝声》。人生历历在目，犹如过河卒子，只能进，不能退。再如步行，我走了一辈子，如今却走不赢孙女。奈何。

匆匆为记。

2021 年 5 月 30 日

www.ingramcontent.com/pod-product-compliance
Lightning Source LLC
Chambersburg PA
CBHW042102160726
48295CB00017B/964

* 9 7 8 1 9 8 9 7 6 3 4 8 3 *